前 厅 服 务

主　　编　殷安全　龚华美
副主编　谭　明　田　方
参　　编　吴世全　唐　琴　彭丰苏
　　　　　李　琼　易小白

重庆大学出版社

内容提要

　　《前厅服务》教材的编写是以项目课程为理论基础,以学生未来在前厅部各岗位所需技能和岗位职业能力为宗旨。本教材共七个项目,分别为:项目一前厅部概述,项目二预订服务,项目三接待服务,项目四礼宾服务,项目五总机服务,项目六商务中心服务,项目七大堂副理。

　　本教材既可以作为中等职业学校高星级饭店营运与管理专业教材,又可以作为三峡移民就业培训(3个月)教材。

图书在版编目(CIP)数据

前厅服务 / 殷安全,龚华美主编.—重庆:重庆大学
出版社,2014.5(2021.11 重印)
国家中等职业教育改革发展示范学校教材
ISBN 978-7-5624-8209-3

Ⅰ.①前… Ⅱ.①殷… ②龚… Ⅲ.①饭店—商业服
务—中等专业学校—教材 Ⅳ.①F719.2

中国版本图书馆 CIP 数据核字(2014)第 098641 号

前厅服务

主　编　殷安全　龚华美
策划编辑:鲁　黎
责任编辑:李桂英　赵　琴　　版式设计:鲁　黎
责任校对:谢　芳　　　　　　责任印制:赵　晟

*

重庆大学出版社出版发行
出版人:饶帮华
社址:重庆市沙坪坝区大学城西路 21 号
邮编:401331
电话:(023) 88617190　88617185(中小学)
传真:(023) 88617186　88617166
网址:http://www.cqup.com.cn
邮箱:fxk@ cqup.com.cn(营销中心)
全国新华书店经销
重庆巍承印务有限公司印刷

*

开本:787mm×1092mm　1/16　印张:8.75　字数:218 千
2014 年 6 月第 1 版　　2021 年 11 月第 2 次印刷
印数:1 501—2 500
ISBN 978-7-5624-8209-3　定价:39.80 元

国家中等职业教育改革发展示范学校
建设系列教材编委会

序　言

　　加快发展现代职业教育,事关国家全局和民族未来。近年来,涪陵区乘着党和国家大力发展职业教育的春风,认真贯彻重庆市委、市政府《关于大力发展职业技术教育的决定》,按照"面向市场、量质并举、多元发展"的工作思路,推动职业教育随着经济增长方式转变而"动",跟着产业结构调整升级而"走",适应社会和市场需求而"变",学生职业道德、知识技能不断增强,职教服务能力不断提升,着力构建适应发展、彰显特色、辐射周边的职业教育,实现由弱到强、由好到优的嬗变,迈出了建设重庆市职业教育区域中心的坚实步伐。

　　作为涪陵中职教育排头兵的涪陵区职业教育中心,在中共涪陵区委、区政府的高度重视和各级教育行政主管部门的大力支持下,以昂扬奋进的姿态,主动作为,砥砺奋进,全面推进国家中职教育改革发展示范学校建设,在人才培养模式改革、师资队伍建设、校企合作、工学结合机制建设、管理制度创新、信息化建设等方面大胆探索实践,着力促进知识传授与生产实践的紧密衔接,取得了显著成效,毕业生就业率保持在97%以上,参加重庆市、国家中职技能大赛屡创佳绩,成为全区中等职业学校改革创新、提高质量和办出特色的示范,成为区域产业建设、改善民生的重要力量。

　　为了构建体现专业特色的课程体系,打造精品课程和教材,涪陵区职业教育中心对创建国家中职教育改革发展示范学校的实践成果进行总结梳理,并在重庆大学出版社等单位的支持帮助下,将成果汇编成册,结集出版。此举既是学校创建成果的总结和展示,又是对该校教研教改成效和校园文化的提炼与传承。这些成果云水相关、相映生辉,在客观记录涪陵职教中心干部职工献身职教奋斗历程的同时,也必将成为涪陵区职业教育内涵发展的一个亮点。因此,无论是对该校还是对涪陵职业教育,都具有十分重要的意义。

　　党的十八大提出"加快发展现代职业教育",赋予了职业教育改革发展新的目标和内涵。最近,国务院召开常务会,部署了加快发展现代职业教育的任务措施。今后,我们必须坚持以面向市场、面向就业、面向社会为目标,整合资源、优化结构,高端引领、多元办学、内涵发展、提升质量,努力构建开放灵活、发展协调、特色鲜明的现代职业教育,更好适应地方经济社会发展对技能人才和高素质劳动者的迫切需要。

衷心希望涪陵区职业教育中心抓住国家中职示范学校建设契机，以提升质量为重点，以促进就业为导向，以服务发展为宗旨，努力创建库区领先、重庆一流、全国知名的中等职业学校。

是为序。

项显文

2014 年 2 月

前　言

　　《前厅服务》教材的编写是以项目课程为理论基础,以学生未来在前厅部各岗位所需技能和岗位职业能力为宗旨,在行业专家的指导下,通过行业调研,经过反复探索研究,最终完成此次编写。

　　本教材的开发是以学生为中心,以行业需求为导向,以培养学生的职业能力为本位,以前厅的主要部门为主线,以前厅接待活动为载体,以职业需求和行业标准为依据,以任务教学为核心,体现前厅部工作人员的岗位技能和职业能力,打破以知识为主线的传统课程模式,按照前厅各部门的岗位工作任务和工作流程来设计教学内容,体现"情景导向、任务驱动、理实一体"的基本理念,注重学生实操技能的培养,实现专业教学与学生就业岗位的零距离对接,为饭店前厅部培养技能型人才。

　　教材在内容的编排上,尽可能将各个知识点、服务程序以及学习任务后的鉴定以表格的形式展现出来,力求给学生一个更加生动直观的认知环境。在编写模式方面,按照前厅部岗位设计了七大项目教学模块,每一项目模块按照工作任务来编排教学内容,每一工作任务除了相关知识学习以外,还插入了案例学习、服务提示、实训内容,强调"做中学,学中做"以培养学生的实践操作能力,提高学生分析问题解决问题的能力。

　　本教材既可以作为中等职业学校高星级饭店营运与管理专业教材,又可以作为三峡移民就业培训(3个月)教材。

　　本教材由重庆市涪陵区职业教育中心殷安全、龚华美任主编,重庆市涪陵区职业教育中心谭明、田方任副主编,项目一前厅部概述由重庆市第二交通技校吴世全编写,项目二预订服务由龚华美编写,项目三接待服务由重庆两江金科大酒店唐琴和重庆市涪陵区职业教育中心龚华美编写,项目四礼宾服务由重庆市涪陵区职业教育中心彭丰苏编写,项目五总机服务吴世全编写,项目六商务中心服务由彭丰苏编写,项目七大堂副理由重庆市涪陵区职业教育中心李琼编写,重庆市涪陵区职业教育中心易小白参加了本书编写。

　　本教材共七个项目,总学时72学时,每项目参考学时如下:

项目序号	项目名称	学　时
项目一	前厅部概述	4

续表

项目序号	项目名称	学　时
项目二	预订服务	16
项目三	接待服务	18
项目四	礼宾服务	12
项目五	总机服务	4
项目六	商务中心服务	4
项目七	大堂副理	6
机　动		8

　　本教材在编写过程得到了涪陵饭店、重庆两江金科大酒店等企业的大力支持,得到了行业专家的指导,在此表示感谢。

　　由于编者水平有限,教材中难免有不当之处,恳请各位读者提出宝贵意见。

编　者

2014 年 2 月

目 录

前厅部概述

前厅部又称大堂部或前台部,是饭店经营管理中最重要的一个部门,是整个饭店服务工作的核心。主要承担招徕接待宾客、销售饭店客房产品及各种综合服务的工作任务,是每一位客人抵离饭店的必经之地,是饭店对客服务开始和最终完成的场所,也是客人对饭店形成第一印象和最后印象的地方,细致周到、主动热情的服务会给客人留下美好的第一印象和最后印象,前厅部的管理水准和服务水平将直接影响整个饭店的经营效果和服务形象。

项目目标

1. 了解前厅部的地位、作用和机构设置;
2. 熟悉前厅部的工作环境和工作流程;
3. 理解前厅部主要岗位的工作职责;
4. 熟悉前厅部员工的基本素质要求。

任务 1

认识前厅

学习目标

1. 了解前厅部的地位和作用,前厅部的工作目标与任务;
2. 熟悉前厅部的工作环境和主要设备;
3. 了解前厅部的组织机构设置和主要岗位的工作职责;
4. 熟悉前厅部的工作流程。

学习准备

1. 教师课前带领学生到当地星级饭店实地了解和感受前厅部工作环境、员工的工作状态、工作内容;

2. 教师利用多媒体课件向学生展示与饭店前厅部相关的图片资料。

相关知识

一、前厅部的地位和作用

在饭店各业务部中,前厅部具有非常重要的地位和作用:

(1)前厅部是饭店的门面,能给宾客及社会公众留下第一印象和饭店的整体形象;

(2)前厅部的服务贯穿于饭店对客服务的全过程,在一定程度上决定着宾客的满意程度;

(3)前厅部是饭店的信息中心,主要负责收集接待信息、整理客史档案、汇总与反馈各项信息;

(4)前厅部的销售效果直接关系到整个饭店的经济效益。

二、前厅部的工作目标与任务

前厅部的工作目标是尽最大可能营销饭店客房和其他产品,并协调饭店各部门向宾客提供最完美的服务,使饭店获得理想的经济效益、社会效益和环境效益。前厅部具体有6项主要任务:

1. 销售客房

前厅部的首要任务是销售客房。目前,行业内相当数量饭店的客房赢利占饭店利润总额的50%以上。前厅部销售客房数量的多与少、销售价格的高与低,不仅直接影响饭店的客房收入,而且住店宾客人数的多少和消费水平的高低,也间接地影响到饭店餐饮、康乐、商场等部门的收入。

2. 正确显示与控制客房状态

21世纪的今天,大中型星级饭店一般都采用饭店管理系统软件来实施对饭店内部各部门的管理与控制,优秀的饭店管理系统软件能显著地提高饭店的服务水平和工作效率,规范饭店的业务流程,帮助饭店管理者与执行者及时、全面地了解经营信息,从而作出更加准确的决策,有效地提高饭店的经营效益。前厅部工作人员必须对系统所提示的各项指令、宾客与内部相关人员的各项要求等信息进行迅速而准确的录入、核对和变更,以便系统正确显示与控制房态。

3. 提供相关服务

前厅部必须为宾客提供优质的订房、登记、问讯、电话、留言、行李、委托代办、换房、退房等各项服务。

4. 协调和联络对客服务

前厅部要向相关部门下达各项业务指令,然后协调各部门,解决执行指令过程中遇到的问题,联络各部门,为客人提供优质服务。

5. 建立和管理客账

前厅部为登记入住的宾客提供一次性结账服务。因此,前厅部要为住店宾客分别设立账户,接受各部门转送的客账资料,每天晚间对客账资料进行累计与审核,并随时为离店宾客办理结账、收款或转账事宜。

6. 建立客史档案

前厅部应为来店宾客建立客史档案,记录宾客在店期间的主要情况与数据,以形成一个潜力较大的资料库,为饭店进行市场调研和可行性分析提供有效的依据,也为个性化服务提供参考资料。

案例学习

马先生和朋友乘坐的出租车刚刚停在饭店大堂门前,面带微笑的门童立刻迎上前去,并躬身拉门问候:"欢迎光临!"马先生和朋友谈笑风生地走下了车,门童扭头对正在准备进饭店的马先生说:"先生,您是否遗忘了公文包?"马先生一听,停止了说笑,忙说:"哎哟,是我的公文包,谢谢,谢谢。"门童将公文包递给马先生,同时又写了一张小条子递了过去,这张小条子上写着出租车的车牌号码。然后,门童迅速引领客人进入饭店大堂。

马先生来到前厅接待处,接待员礼貌地问候:"你们好,欢迎光临。请问有没有预订?"马先生说:"我们已经预订了一个标准间。"接待员随即请马先生出示证件,并熟练地查阅预订,立即为客人填写了入住登记表上的相关内容,并请马先生预付押金和签名,最后说:"先生,你们住在1803房,这是你们的房卡,祝你们入住愉快。"在马先生办理入住手续时,行李员始终恭立在他们的身边,为客人看护行李箱。行李员带着客人来到1803房间门口,客房服务员便迅速走了过来,笑容可掬地躬身说:"你们好,欢迎光临,请出示房卡。""请这边走。"服务员敲门并报:"Housekeeping、Housekeeping、Housekeeping。"马先生诧异地说:"不是没有人吗?""这是我们的服务规范。"客房服务员打开房门后,开始介绍客房设施与服务;行李员将客人的行李放到了行李架上,同时发现客人将西装脱下随手扔在床上,便走过去将客人的西装挂进了壁橱。客房服务员和行李员询问道:"马先生,还有什么需要帮忙?"马先生高兴地说:"不用了,谢谢你们。""祝你们在饭店居住愉快!"然后两个服务员告辞退出。

马先生和朋友经过了一天的旅行,已经非常疲惫了。当他们躺在柔软的床上,听着悠扬的音乐,欣赏着舒适豪华的室内装潢,回忆着进入饭店的整个过程时,马先生满意地对朋友说:"这真是星级饭店的服务啊!"

案例思考

从这个案例中你得到了什么启示?

三、前厅部的工作环境和主要设备

(一)前厅的工作环境

前厅大堂是客人办理住宿登记手续、休息、会客和结账的地方,是客人进店后首先接触到的公共场所。大堂必须以其宽敞的空间、华丽的装潢,创造出一种能有效感染客人的氛围,以便给客人留下美好的第一印象和难忘的最后印象。

(1)饭店的正门要气派,具有吸引力,有迎接客人的气氛;

(2)大堂宽敞、舒适、华丽,其建筑面积与整个饭店的接待能力相适应;

(3)总台是体现前厅空间的关键部位,柜台外观要与整个大堂的建筑协调;

(4)地面面层美观,最好为大理石或优质木地板;

(5)采光良好,光线柔和,灯光不直射宾客和员工的脸面;

(6)色彩以暖色为主色调,温度 22~24℃,湿度 40%~60%;

(7)噪声控制不超过 50 dB,可播放各种轻音乐、民族音乐等,音量适中;

(8)适当布置有生气的绿色植物;

(9)大堂设置的部门标牌应显而易见;

（10）前厅空间整体布局合理,装饰华丽,能形成饭店的主格调。

（二）前厅部的主要设备及用品

1.柜台设备

柜台设备包括电脑、打印机、扫描仪、信用卡刷卡机、文件架、验钞机、客房钥匙刷卡器。

2.行李组设备

行李组设备包括行李车、行李寄存架、伞架、轮椅、婴儿车等。

3.总机设备

总机设备包括电话交换机、长途电话自动计费器、呼唤机总台及自动叫醒控制系统等。

四、前厅部组织机构和岗位职责

（一）前厅部组织机构设置

前厅部组织机构设置主要取决于饭店的类型、规模、星级、特点、管理方式、地理位置、客源构成、每个工种应有的营业时间与职责、管理层次、客人需求变化等因素,以分工明确、组织合理、方便对客服务和满足饭店的需要为原则进行设置。

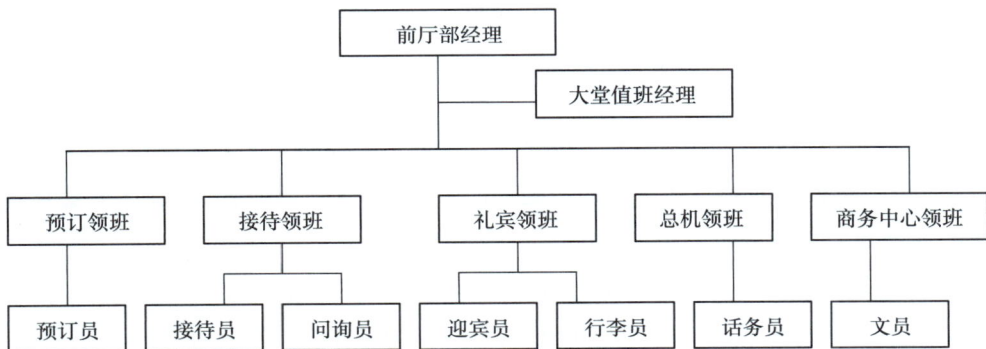

知识链接

判断饭店的规模大小没有明确的标准,一般是以饭店的房间数和占地面积、饭店的销售额和利润率的多少为标准来衡量,其中主要是房间数。根据我国的国情,我们把饭店分为大、中、小三种类型,客房数在500间以上的为大型饭店、200间以上500间以下的为中型饭店、200间以下的为小型饭店。而国外通常是客房数为600间以上的为大型饭店、300间以上600间以下的为中型饭店、300间以下的为小型饭店。

（二）前厅部主要岗位的工作职责

1. 前厅部经理

（1）负责对员工素质、工作效率、服务水准的管理和培训；

（2）制订本部门的财政预算；

（3）主持部门业务会议，进行业务沟通；

（4）向部属下达工作指标和工作任务，并指导其工作；

（5）负责与饭店管理系统进行业务联系和沟通，协调和纠正部门之间出现的工作矛盾和偏差；

（6）检查前厅部所有员工的仪容仪表、工作质量、工作效率，检查前厅设施是否布置有序、整洁美观；

（7）检查工作人员是否周到细致地为宾客服务，宾客交办的事项是否尽力办好，是否能帮助宾客解疑；

（8）参加部门会议、提出工作建议、工作计划等请上级领导决策；

（9）审阅下属各部门的工作报告和工作日志、报表；

（10）制订和实施培训计划，并对下属员工进行思想教育和工作培训；

（11）负责门前迎送 VIP 宾客的工作督导和指挥；

（12）抓好本部门的安全、卫生管理；

（13）向副总经理、房务总监汇报工作。

2. 大堂副理

（1）代表饭店迎送 VIP 宾客，处理重要事件及记录宾客的有关事项；

（2）迎接、引领重要宾客到指定的房间，并介绍房间设施和饭店情况；作重要宾客离店记录，落实贵宾接待的每一个细节；

（3）了解当天及以后房间状态走势，尽量参与接待处工作；

（4）处理客房部报表与接待处之间出现误差的房间，并亲自锁定房间；

（5）记录当天发生的事件，处理宾客投诉，并向前厅部经理汇报；

（6）对饭店内外进行巡查，以保证各项功能运行正常，及时排除可疑因素；

（7）检查大堂范围内需维修项目，并督促有关部门及时维修；

（8）向领导反映员工表现和宾客意见，在前厅部经理缺席时行使前厅部经理的职权，做好领导交代的其他工作。

3. 预订员

（1）熟悉饭店的房价政策、受理预订业务；

（2）参与客情预测工作；

（3）制订预订报表,参与制订全年客房预订计划;

（4）加强和完善订房记录和档案管理。

4.接待员

（1）安排住店客人入住;

（2）办理入住登记手续,分配房间;

（3）正确显示客房状态,积极推销出租客房;

（4）协调对客服务,掌握客房出租的变化;

（5）掌握住客动态及住客资料,制作客房营业月（日）报表等。

5.行李员

（1）负责为住店宾客、离店宾客提供搬运行李服务;

（2）负责迎送服务,并引导客人进入饭店;

（3）负责为办公室和宾客发送信件、留言、报纸、传真和各种报表;

（4）当饭店出现紧急情况时在规定岗位疏导和帮助客人等。

6.迎宾员（门童）

（1）大堂门口接待服务工作,负责迎送客人,向客人问好致意;

（2）为客人提供拉大堂门和车门服务,并为客人指引方向;

（3 为宾客提供问询服务;

（4）为宾客提供雨具存放保管服务;

（5）指挥门前交通,做好门前保安工作;

（6）协助行李员做好宾客行李、大堂寻人、出租车联系等各项服务工作等。

7.总机话务员

（1）转接电话服务;

（2）"请勿打扰"电话服务;

（3）回答电话问询;

（4）接受电话投诉;

（5）电话找人,电话留言服务;

（6）办理长途电话事项,传达或消除紧急通知或说明。

五、前厅部的工作流程

（一）对客服务全过程

前厅部对客服务全过程是一个完整、循环的过程。对客服务全过程开始于潜在宾客与饭店的销售代理机构或宣传广告品的接触,直至办理离店手续后为客人建立客史档案,为下次与宾客接触做好准备为止。对客服务全过程可分为宾客抵店前、抵店时、逗留期间、离店时、离店后五个阶段。其中,第一阶段和第五阶段是重叠的,二者对周而复始的饭店对客服务全过程起着承上启下的作用。

（二）对客服务全过程各阶段的主要工作任务

过　程	抵店前	抵店时	逗留期间	离店时	离店后
任务	市场营销、预订业务	应接服务、行李服务、开房服务	问讯、邮件、总机话务、委托代办、建立和累计客账等	结账服务、应接服务、行李服务	建立客史档案、市场营销与针对性跟踪服务

🔍 **服务提示**

"大前厅服务"的核心理念是:在完成前厅各项服务过程中,促使前厅服务与饭店其他服务,诸如餐饮服务、客户服务、安全服务等共同构成饭店的整体服务,表现为服务链条的紧密衔接,避免推诿、扯皮等现象,强调"服务到位",让宾客对饭店留下满意而深刻的印象。

星级饭店常用公共信息图形符号表

图形符号	符号意义	英文翻译	图形符号	符号意义	英文翻译
	手续办理	Check-in		残疾人客房	Room for disabled person
	客房送餐服务	Room service		团体接待	Group reception
	行李寄存	Left luggage		商务中心	Business center
VIP	贵宾服务	VIP	?	问讯	Information

图形符号	符号意义	英文翻译	图形符号	符号意义	英文翻译
	结账	Settle accounts		行李寄存	Left luggage

展示与评价

姓名＿＿＿＿＿＿＿＿＿＿＿＿　　　组别＿＿＿＿＿＿＿＿＿＿＿＿　　　时间＿＿＿＿＿＿＿＿＿＿＿＿

序　号	评价考核内容	分　值	自　评	教师评
1	认识了前厅的作用和地位	20		
2	熟悉了前厅的机构设置	15		
3	认识了前厅的主要设备	15		
4	了解了前厅的主要工作岗位	15		
5	熟悉了前厅的基本工作流程	15		
6	在本项目学习活动中与同伴有很好的合作	10		
7	积极主动参与了本项目活动的完成	10		
总　分		100		

009

任务 2

前厅部员工的素质和要求

学习目标

1. 了解前厅部员工的基本素质要求,做一名合格的前厅部员工;
2. 熟悉前厅部员工服务的基本技能要求,为宾客提供规范化的服务;
3. 掌握前厅工作中的礼仪规范,养成礼貌待客的良好习惯。

学习准备

课前要请当地有校企合作关系的星级饭店前厅部主管及以上的管理人员来校与学生座谈,让学生对前厅部员工的精神风貌、礼仪规范、文化修养等方面有初步的感知。

相关知识

前厅部各项任务能否完成,主要取决于员工的素质能否达到工作要求,前厅部员工素质的高低,是饭店经营成败的一个重要因素。员工必备的素质和要求应根据其所担任的岗位角色有所侧重,但因前厅部员工直接面对宾客提供服务,所以,优秀的前厅部员工应具备相同的素质和要求。具体包括良好的基本素质、全面的服务能力和较高的礼貌修养三个方面。

一、良好的基本素质

1. 良好的外貌形象

前厅部员工代表整个饭店接待每一位来宾,良好的外貌形象如仪表、仪态、气质、风度等能让宾客心理上得到愉悦的感受,给宾客留下美好的印象。

2. 过硬的语言基础

前厅部员工应当有过硬的语言基础,首先必须有良好的汉语表达能力及理解能力,普通话发言标准,音质纯美,圆润动听;其次必须熟练地掌握一门以上的外语,并在听、说、读、写几个方面,特别是口语方面达到相当的水平;还应当掌握一些常用的方言,如广东话、闽南语,以便更好地接待港澳台同胞。

3. 健康的身体素质

按饭店的规范,前厅部员工应具有连续八小时为宾客提供站立服务的身体素质。要求员工身体健康、精力充沛。

4. 广博的文化知识

前厅部员工必须对历史、地理、气候、金融、安全消防、工作常识、本地风景名胜、交通状况、异国风俗、宗教等方面的知识有较全面的了解,才能为来自社会各阶层的宾客提供个性化的服务。

5. 优良的思想品德

前厅部员工首先必须具备品行端正、为人正直、心地善良、诚实可信、勤奋上进等个人修养和职业道德水平。前厅工作涉及价格、现金及营业机密,如果员工品行不正,就很容易利用饭店管理中的漏洞为个人谋取私利;如果员工修养不好,也很难为宾客提供高水平的服务。

6. 成熟而健康的心理

前厅部员工绝大部分时间和主要工作内容都是与宾客直接打交道,相互发生误解的机会很多,这就要求员工必须具备善于控制自己的情绪、善于忍耐、宽容、理解他人的心理素质;前厅部工作量大、工作要求高,员工必须具备能吃苦耐劳、任劳任怨、开朗进取和克服心理疲劳等心理素质。

7. 良好的服务意识

服务意识是服务行业从业人员在对客服务的过程中所表现出来的态度取向和精神状态,是服务行业从业人员基于对服务工作认识基础上形成的一种职业素养和职业意识,是服务能力的重要组成部分。良好的服务意识包含了端正的服务态度、积极的精神状态、高尚的职业觉悟。良好的服务意识是为宾客提供优质服务的灵魂和保障。我们要正确认识服务行业,摒弃传统的、世俗的、落后的观念,正确认识自己,从事饭店工作同样可以实现人生价值。

8. 认真负责的工作态度

工作态度是对工作所持有的评价与行为倾向,包括工作的认真度、责任度、努力程度等。前厅部员工工作态度的具体要求是:对前厅部的工作性质、工作内容、工作目标任务、工作规范、工作流程等有全面、正确、客观的认识;宾客至上,爱店如家;服从上级管理,满足宾客一切正当合理需求;顾全大局,具有协作精神;对工作一丝不苟,精益求精,同时还应具有一定的灵活性、创造性。

二、全面的服务能力

由于分工不同,每一个工种所需要的专业服务技能也有所不同。但是,前厅部员工应当具备如下几种普遍性服务能力。

1. 交际能力

饭店是劳动密集型企业,前厅部员工时时都会与宾客、同事等有多方面的接触,交际能力的强弱,影响到沟通渠道的畅通程度。特别是在同宾客接触时,要在短时间内传达大量的服务信息,表达友好欢迎的态度,就必须善于交际,以便在融洽的气氛中完成任务。

2. 应变能力

应变能力是指应付突发事件等特殊事件的能力。对客服务过程中,突发事件时而有之,往往需要就地及时解决,这就需要员工具有较强的应变能力。在处理各种意料不到的事件时,员工应有缓解突发事件形成的紧张气氛的能力,在宾客至上的前提下,努力使饭店损失和影响减少到最低限度。

3. 观察能力

为宾客提供主动、周到的服务不仅需要饭店员工有足够的工作热情,还应善于观察,想客人所想,把服务工作做在客人开口之前,这样才能达到事半功倍的服务效果。

4. 记忆能力

前厅部员工应当有较好的记忆能力,记住常客的姓名、爱好和特殊习惯等,以便客人再次光临时能为客人提供针对性的服务。

5. 推销能力

前厅部员工要充分了解饭店的各种产品与服务,善于观察和分析宾客的消费心理,根据宾客的特点和需求,兼顾饭店和宾客的利益,恰到好处地宣传、推销饭店的产品。

6. 理解与表达能力

前厅部员工应有较强的理解能力,能迅速、准确地理解他人的心理意图;同时还应善于用准确、简单的方式表达自己的观点。

三、较高的礼貌修养

(一)规范的仪容仪表

1. 服饰方面的基本要求

(1)服饰整洁大方;

(2)衣着相称,与环境、场合协调;

(3)工作时要穿规定的制服,并保持制服的平整洁净,佩戴好工号牌;

(4)除手表、婚戒外,一般不佩戴其他饰品;

(5)鞋子干净整洁,无破损,不穿响底鞋、高跟鞋,不赤脚穿鞋。

2. 个人仪容方面的基本要求

（1）头发要清洁整齐，发型要朴实大方，不得染黑色头发以外的颜色，不得留怪异发型。男性不留长发，前不过眉，后不过领，侧不过耳；女性不留披肩长发，前不过眉，后不过肩。

（2）面部要洁净，鼻毛不外露。男员工不准留胡须、大鬓角；女性可以化淡妆，但不得使用有异味的化妆品。

（3）保持手部干净、无污垢；指甲修剪整齐，不得留长指甲和涂染带色指甲油。

（4）注意个人卫生，做到勤洗澡、勤理（护）发、勤洗（换）衣、勤剪指甲、勤洗手、勤刷牙，保持身体、口中无异味。

（二）优雅的举止

1. 端正的坐姿

正确的坐态是一种既文明又庄重的行为,它既能体现形态的美,又能体现行为美。入座时,选择适当的位置,落坐后应表情自然,面带微笑。

(1)男性坐姿:一般从椅子的左侧入座,紧靠椅背,挺直端正,不要前倾或后仰。

(2)女性坐姿:双脚交叉或并拢,双手轻放于膝盖上,嘴微闭,面带微笑,两眼凝视说话对象。

(3)忌讳:跷二郎腿、脱鞋、把脚放到自己的桌椅上或架到别人桌椅上。

2.良好的站姿

古人说站如松,即是说站立时要像松树那样挺拔、稳重、遒劲,这是对站立的形象化要求。健美而典雅的站态,是优美举止的基础。前厅部的工作岗位和工作期间,绝大部分时间都是站立服务,服务时应做到:

(1)端庄、挺拔,具有稳定感。稳定感是通过对称的体形来体现的。

(2)双眼平视,挺胸收腹。收腹不仅能增添人体的形态美,还能使人显得英姿勃发,充满活力。

(3)身体轻松自然。

(4)男性双脚平行打开,双手握于小腹前。

(5)女性站姿双脚要靠拢,膝盖打直,双手握于腹前。

3.优美的走姿

端正的坐姿和良好的站姿表现的是一种静态美,而优美的走姿表现的则是一种动态美。动态往往更能体现一个人的性格、气质、修养和精神状态。步伐矫健、动作敏捷的人,给人以健康、活泼、精神抖擞之感。步履轻盈、体态端庄的人,给人留下美好典雅的印象。优美的步态应该是轻盈正直、矫健敏捷的。

（1）男士行走时应抬头挺胸,步履稳健、自信,避免迈八字步。

（2）女士行走时应背脊挺直,双脚平行前进,步履轻盈,避免做作。

4.得体的手势

手势是人们用以表情达意的一种特殊方式,得体的手势与语言交相辉映,可以使谈话人的思想、感情得到更准确更深刻的表达。使用手势的基本要求如下:

（1）简洁明确（出现的次数不宜太多）;

（2）幅度要适度（不超过对方的视线,不低于自己的胸区）;

（3）应亲切自然;

（4）应准确、规范,符合礼节。

5.美丽的微笑

微笑是人类最基本的表情,也是一种最基本的国际通用礼仪,它体现了人类最真诚的相互尊重与亲近。在服务过程中,员工应始终保持大方、自然而美丽的微笑。

（1）对人微笑就是向人表明:我喜欢你,你使我快乐,我愿意见到你。

（2）从与人交往的角度表示:我喜欢你,尊重你,与你交往我感到很高兴。

（3）从服务工作的角度表示:欢迎您的光临,您的光临是我们的荣幸,我们诚心诚意愿意为您服务。

（三）礼貌的语言

饭店从业人员在语言上的要求是谈吐文雅、语调亲切、音量适中、语句流畅;问话和回答问题简明、准确、规范、艺术。在服务过程中要求做到"五声",即:

（1）宾客来店要有欢迎声:"您好,欢迎光临!""先生,早上好,需要帮助吗?";

（2）遇到宾客要有称呼声:"早上好""您好"等;

（3）受到宾客帮助要有感谢声:"给您添麻烦了""谢谢您的帮助"等;

（4）麻烦宾客时要有致歉声:"打扰您了""实在很抱歉""对不起"等;

（5）宾客离店时要有送别声:"欢迎下次光临""一路顺风""再见"等。

案例学习

客人要提前退房游三峡

一天下午三点,重庆某大饭店总服务台问讯处,一位香港来渝的张先生在问讯台前踌躇,似有为难之事,问讯员小李见状,便主动询问是否需要帮助。

小李:"您好,张先生,您有什么需要我帮助吗?"

张先生说:"我想现在就退房,乘游轮去长江三峡。"

小李问："张先生,你预订去长江三峡游轮的船票了吗?"

张先生答："没有,因为上午不想去,现在我又有想去的念头。"

小李知道,按饭店规定,超过下午2两点客人退房要加收50％的房费,可能会因加收房费而导致张先生不愉快,而且去长江三峡旅游的船票一般是提前三天预订,要是能帮助张先生订购明天的游船票,就既解决了加收房费的问题,又能为客人提供超常规服务。小李马上诚恳地对张先生说:"对不起,张先生,三峡游轮最后一班离港时间是中午十二点,而且去长江三峡旅游的船票必须提前三天预订,我现在马上为您预订船票,可以吗?"

张先生:"好的,只有这样了,谢谢!"

由于是旅游旺季,三峡游轮船票很紧俏,小李联系了多家游轮公司,动用了各种社会关系,终于为张先生订到了一张第二天上午十点的船票。张先生非常感动,连声说:"谢谢! 今后来重庆还住你们饭店"

🔍 案例评析

1. 问讯员小李对张先生的接待是积极主动、热情礼貌的,如见到前台问讯处踟蹰的张先生主动询问,当得知情况后,积极主动地为张先生订票。体现了小李真正视客人为上帝的服务意识。

2. 小李既遵守了饭店的规定,又在不违反原则的情况下为张先生提供超常规服务,表现了小李办事效率高的工作作风,体现了小李良好的基本素质,使张先生能顺利实现游长江三峡的愿望。

实训活动

站姿、走姿练习。

训练项目	站姿、走姿练习
训练目的	1. 使学生具有良好的站姿 2. 使学生具有优美的走姿
训练准备	1. 把学生分组 2. 准备好训练场地
训练方法	分组练习
训练要求	1. 站立时挺胸收腹,两眼平视前方,面带微笑 2. 重心落在两只脚之间,双手交叉于腹前 3. 女性脚跟靠拢,男性双脚分开与肩同宽或稍窄 4. 行走时步度一致,匀速前进 5. 双手自然摆动,摆幅在15°～35° 6. 两只脚的内侧落在同一条直线上

训练项目	站姿、走姿练习
训练步骤	1.学生观看视频 2.教师讲解示范 3.学生分组练习 4.请部分学生上台表演 5.学生观察并相互点评 6.教师指导纠正

展示与评价

姓名＿＿＿＿＿＿＿＿＿　　　组别＿＿＿＿＿＿＿＿＿　　　时间＿＿＿＿＿＿＿＿＿

序　号	评价考核内容	分　值	自　评	教师评
1	理解了前厅部员工的素质要求	10		
2	熟悉了前厅部员工应具备的服务能力	10		
3	熟悉了前厅部员工仪容仪表规范要求	10		
4	按规范要求站立30分钟以上	15		
5	按规范要求行走10分钟以上	15		
6	按规范要求保持5分钟以上的微笑	10		
7	在练习站立、行走过程中一直保持了微笑	10		
8	在本项目学习活动中与同伴有很好的合作	10		
9	积极主动地参与了本项目活动的完成	10		
	总　分	100		

017

【鉴定练习】

一、填空题

1.根据我国国情,我们一般按饭店客房数量的多少来判断饭店的规模,客房数在＿＿＿＿＿＿＿＿＿＿＿＿＿间以上的为大型饭店,＿＿＿＿＿＿＿＿＿＿＿＿＿＿＿＿的为中型饭店,＿＿＿＿＿＿＿＿＿＿＿＿间以下的为小型饭店。

2.前厅部组织机构设置原则是＿＿＿＿＿＿＿＿＿＿＿＿＿＿＿＿、＿＿＿＿＿＿＿＿＿＿＿＿＿＿＿＿、＿＿＿＿＿＿＿＿＿＿＿＿和＿＿＿＿＿＿＿＿＿＿＿＿。

3.良好的个人卫生一般要求做到＿＿＿＿＿＿＿＿＿＿＿＿＿＿、＿＿＿＿＿＿＿＿＿＿＿＿、

_____、_____、_____、_____、
_____,保持身体、口鼻无异味。

4.仪表即人的外表,它包括人的_____、_____、_____和
等方面。

5.在服务过程中的要求做到"五声",即宾客来店要有_____;
遇到宾客要有_____;受到宾客帮助要有_____;
麻烦宾客时要有_____;宾客离店时要有_____
_____。

6.宾客抵店时前厅部的主要工作任务是_____、_____、
_____、_____。

二、分析题

客人王××先生在服务高峰时进店,问讯员突然准确地叫出:"王××先生,服务台有您一个电话。"王××先生又惊又喜,感到自己受到了重视,受到了特殊的待遇,不禁添了一份自豪感。

VIP 客人李女士随陪同人员来到前台登记,接待员通过接机人员的暗示,得悉其身份,马上称呼李女士的名字,并递上打印好的登记卡请他签字,使客人感到自己的地位不同,由于受到超凡的尊重而感到格外的开心。

1.客人自豪和开心的原因是什么?
2.王先生和李女士会再度入住该饭店吗?
3.该饭店的前厅部员工体现了什么样的素质与能力?

项目2
预订服务

客房预订是指客人在抵店之前要求饭店为其提供房间。客人预订房间是为了避免遭遇饭店客满的风险而采取的一项措施，希望在抵店时所需客房已由饭店准备妥当，比较能够自如地掌控自己的行程，节约自己的旅行时间，以确保自己的住宿安排。而饭店之所以拥有预订系统来受理客人的预订，是希望更有效地控制宾客抵、离饭店的各项活动，以更好地为客人提供优质的服务，尽力为客人提供满意的客房，获得最理想的客房出租率。预订是饭店的一项重要业务，该项目包含了三个工作任务：预订方式和种类的认识、客房预订程序的练习以及预订失约行为的处理。通过这几个任务的学习，使学生能够根据饭店的客房资源和客人的要求规范地受理各种预订业务，学会处理一些常见的预订失约行为，从而培养学生分析问题、解决问题的能力，使学生具备一个中级服务员的职业能力。

项目目标

1. 了解客房预订的渠道；
2. 熟悉客房预订的方式；
3. 理解预订的类型及其特点；
4. 会填制预订处的各种表单；
5. 能根据客人预订的要求和饭店房源规范受理客人的各种预订业务；
6. 能进行预订的确认、取消和变更婉拒；
7. 能正确处理各种预订失约行为。

任务 1
预订的方式和种类

学习目标

1. 知道客房预订的渠道；
2. 熟悉客房预订的方式；
3. 理解预订的种类及特点；
4. 会填写预订处的各种表单。

学习准备

1. 教师课前布置任务，让学生自行到当地酒店了解前厅预订处的设施设备情况；
2. 教师利用多媒体课件向学生展示预订处各种设施设备和表单的图片；
3. 把学生分成 2～4 人一组的学习小组。

相关知识

一、预订的渠道

饭店为了更好地销售自己的客房产品，提高客房出租率，常常借助于中间商，并利用中间商的一些资源和优势，将饭店的产品大量地推销给客人，以扩大客源，增加销售量。客人常常通过以下 7 种渠道预订客房：

(1) 直接向饭店预订；

(2) 通过商务合同单位预订；

(3) 通过饭店加入的预订网络预订；

(4) 由旅行社预订；

(5) 由航空公司预订；

(6) 由会议组织机构预订；

(7) 由政府机关和企事业单位预订。

二、预订的任务

1.受理客人的订房要求

饭店预订处要负责饭店的订房业务,接受客人各种方式的预订,并能受理客人的订房要求。

2.记录储存预订资料

预订处必须准确及时地记录和存储预订资料,还要制定预订报表,参与制订全年客房预订计划。

3.推销客房

前厅部的主要任务是推销客房,预订是推销客房最好的时机,这就要求预订员不能只是被动地接受预订,还要主动地推销客房产品。

4.完成客人抵店的准备工作

预订处要与总台接待处加强联系,及时向相关部门提供有关客房的预订资料和数据,以便饭店提前做好客人抵店前的准备工作。

三、预订的方式

客房预订方式多种多样,各有其不同的特点,客人会采用什么方式进行预订,受其预订的紧急程度和客人预订设备条件的制约,因此,客人会根据自己的条件灵活运用电话、传真、网络、面谈、信函等方式与饭店联系订房事宜,饭店会根据客房资源情况对客人的预订予以答复。

1.电话预订

该方式较为普遍,其特点是迅速、简便,便于预订员和客人进行沟通。电话预订有利于预订员详细了解客人对房间种类、用房数量、房价、付款方式、抵离店时间的要求,并适时进行电话促销。

2. 面谈预订

面谈预订是客人或其委托人直接来到饭店,与预订员面对面地洽谈订房事宜。一方面可以让预订员有机会详细了解客人的预订要求;另一方面预订员还可以根据客人的衣着、神态、表情、说话的语气、行为特点等有针对性地进行客房推销。受理此方式的预订时,应避免向客人作具体房号的承诺。

3. 网络预订

近年来,国际互联网的发展日新月异,电子商务成为一种最重要的经营方式。随着计算机技术的迅速发展和网络的不断扩展,越来越多的客人采用这种方式进行客房预订,其中多为商务客人,方式包括发送电子邮件、登录饭店网站自助预订。这种方式成本低廉,操作方便快捷,客人可以足不出户就能直接向酒店发出预订要求。无论客人使用哪一种方式,饭店都要给客人预订回复,回复的时候要求统一使用订房确认书。通过互联网进行客房预订是目前国际上最先进的预订方式。

4. 传真预订

传真预订是当今饭店与客人进行预订联系最理想的通信手段之一,其特点是传递迅速、准确正规、即发即收,此方式可以将客人的预订资料原封不动地保存起来,不容易出现订房纠纷。

5. 信函预订

信函预订是客人在离抵店日期有较长时间的情况下采取的一种预订方式。这种方式虽然古老传统,但很正规,"白纸黑字"就如同一份合约,对客人和饭店都起到一定的约束作用。受理此方式时应注意几点:

(1)及时复信;

(2)语言准确、亲切;

(3)格式正确、规范;

(4)内容明确、简洁、有条理。

四、客房预订的种类

客人可运用电话、信函、传真、网络以及面谈等方式向饭店提出订房要求,而饭店可根据客人的要求和饭店的客房资源情况给予客人不同的订房确认。根据饭店对客人订房的不同确认可以把客房的预订类型分为 3 种:临时性预订、确认性预订和保证性预订。

(一)临时性预订

临时性预订是客房预订中最常见、最简单的一种预订,是指客人的订房日期与抵店日期已经非常接近甚至是抵店当天才联系的预订。由于时间紧迫,饭店无法给予客人书面确认,所以均以口头确认,饭店也无法要求客人预付订金。如果是当天的临时性预订,通常由总台接待员受理,接受此类预订时,要问清客人抵店时间或所乘航班、车次,并要重复客人的订房要求,让客人核对。尤其注意提醒客人饭店将会把预订房间保留至当日18:00 点,这个时限被称为"预订取消时限",以免在用房紧张时引起不必要的纠纷。

（二）确认性预订

确认性预订是指客人提前较长时间向饭店提出订房要求,饭店以口头或书面方式予以确认,并答应为订房客人保留房间至某一事先声明的规定时间。如果到了这一规定时间客人仍未抵店,也未与饭店联系,饭店可将预留房间出租给未经预订而直接抵店的客人。通常确认预订的方式有两种,一种是口头确认,另一种是书面确认。但两者相比,书面确认具有以下优点:

（1）使客人知道其预订要求已被饭店方面接受。

（2）达成契约,以书面的形式约束了双方之间的关系。

（3）通过书面确认,饭店获得并证实了预订客人的个人资料(如姓名、地址)等。所以,持有预订确认书的客人要比未经预订而直接抵店的客人在信用上更可靠一些。因此绝大多数饭店给持有确认书的客人享有较高的信用限额和一次性结账服务。

（三）保证性预订

保证性预订是指宾客向饭店预订房间以后保证前来住宿,否则将承担经济责任,而饭店无论在任何情况下都必须为预订客人保留房间,保证客人一到饭店就能住上所订客房。并将房间保留到抵店日期次日的退房结账时间,一般为中午 12:00。保证性预订不仅保护了客人免遭饭店客满的风险,而且也保证了饭店即使客人不到或者预订取消,也不会遭受房间空置的损失。客人可以通过预付定金、使用信用卡和签订合同等形式进行订房担保,以保护双方的利益。

①预付定金担保,即客人在抵店前,通过先行交纳预付款的方式,获得饭店的订房保证。预付款一般为所订房间的一夜房费。从饭店角度来说,收取预付款是最理想的保证性预订方式。如果客人预付了一天以上的房租,届时又未能按时抵店,同时也没有取消预订,则饭店就可以收取一天的房费,另将余款退还给客人。同时取消以后几天的预订,如果客人在临近抵店日期预订,饭店没有足够的时间收取预付款,则可以让客人运用信用卡进行预订担保。

②信用卡担保指客人使用信用卡来担保所预订的客房,即使客人届时既没有取消预订,又没有抵店入住,饭店仍然可以向发卡公司收取客人的一夜房费。现在持有信用卡的人越来越多,只要客人在预订时向饭店说明将使用信用卡为所预订的房间付款,并把持卡人的姓名、发卡公司名称以及自己的卡号告诉饭店,由饭店验证信用卡的有效性后

将其视作保证性预订。

③合同担保是指饭店与客户单位签订合同担保预订,以此确定双方的利益和责任,这些单位经常会使用饭店的设施,合同的主要内容包括签约单位的地址、账号以及同意为未按预订日期抵店入住的客人承担付款责任的声明等。同时,合同还规定了通知取消预订的最后期限,如果签约单位未能在规定的期限内通知取消,饭店将按照合同规定收取一夜房费。

保证性预订既保证了满足宾客对住房的需求,维护了客人的利益,同时也维护了饭店的经济利益,因此,它对饭店和客人双方都是有利的。但要注意的是,对于客人来说,由于饭店为他们保留的房间无法再出租给其他客人,所以即使未使用客房也应付全天的房费。

想一想

预订种类的特点

种　类	预订取消时限	约定方式
临时性预订		
确认性预订		
保证性预订		

案例学习

李小姐于9月29日通过电话预订的方式在东方饭店预订了一间标准间,约好9月30日晚上9点到。可是到了9月30日晚上9:30客人还没来,饭店也没有接到客人的电话。正值国庆黄金周,所以预订员将该房给了刚刚到达饭店的散客张先生。

案例思考

1. 李小姐所作的预订属于什么预订?

2. 饭店这样处理是否合适?

实训活动

把学生分成2~4人一组进行客房预订单的填写,分别练习散客预订单的填写和团队客人预订单的填写。

活动1:填写散客客房预订单

客人姓名	房间数量	房间种类	房　价	保留时间	预订时间

预计到店时间			预计离店时间	
联系人	姓　名	联系方式		传真号码

☐离店时房款付款方式
☐现金
☐信用卡
☐旅行社凭证
☐预订员签名：

活动2：填写团队客人预订单

团队名称	房间数量	房间种类	房　价	客人数量	预订时间
预计到店时间		预计离店时间			
联系人		联系方式		预定员	
团队联络员		联系电话			

活动3：给客人写回复信

2012年11月25日，有一位王兵先生来信想预订今年圣诞节晚上收费在300元左右的标准间一间，大约住三夜，你作为预订员，请给王先生复信。

展示与评价

姓名＿＿＿＿＿＿＿　　组别＿＿＿＿＿＿＿　　时间＿＿＿＿＿＿＿

序　号	鉴定考核内容	分　值	自　评	教师评
1	按要求完成了散客预订单的填写	20		
2	按要求完成了团队客人预订单的填写	20		
3	会给客人回复信函	20		
4	积极主动参与了本次活动的完成	20		
5	在本次活动中与同伴有很好的合作	20		
	总　分	100		

任务 2

预订的程序

学习目标

1. 熟悉客房推销的技巧,并能有效地推销客房;
2. 能根据饭店客房状态和客人要求规范地受理客人的各种预订业务;
3. 能进行预订的确认、取消、变更和婉拒。

学习准备

1. 课前让学生自己到当地酒店了解预订处的各种设备和各类预订表单;
2. 教师组织学生观看电话预订视频;
3. 把学生分成 2 人一组的学习小组。

相关知识

一、客房销售技巧

1. 熟记客人姓名

在销售过程中要尽快记住客人的姓名,并用客人姓名称呼客人,给客人以亲切感。

2. 仔细聆听客人的预订要求

在销售过程中只有仔细聆听客人的预订要求,才能满足客人的要求,使客人能够订到满意的客房。

3. 态度要诚恳友善

在与客人交谈的过程中要表现出自己的真诚,要让客人感觉到饭店是站在客人的角度在为客人着想,而不是为了推销而推销。

4. 选择恰当的报价方式

销售人员在销售过程中应针对不同类型的客人选择合适的报价方式,以满足客人的需求。

(1)"夹心式"报价。即先介绍房间的服务项目和客房的特点,再报房价,最后强调客人所获得的利益。如一间朝向美丽花园的宽敞房间,价格为1000元,该房价还包括了一份早餐和免费桑拿等。这种方式适合于中高档客房,要针对消费水平高的客人。

（2）"鱼尾式"报价。即先介绍客房特点和服务项目设施,最后报房价。如这是一间外景房,可以看见热闹的街景,房间宽敞明亮,还有电脑可以上网,房价是680元。这种报价适合中档客房

（3）"冲击式"报价。即先报房价,再介绍房间所提供的服务设施和项目。如这间客房只需要120元,房间有空调、彩色电视机,还免费赠阅报纸等。这种报价适合于价格比较低的客房。

二、房态类型

（1）住客房。指客人正在租用的房间（英文简写OCC）。

（2）走客房。指客人已经离店,房间未清扫或者正在清扫（英文简写VD）。

（3）空房。指已经清扫,可以重新出租的客房,也叫可售房（英文简写VC）。

（4）维修房。指客房的硬件设施出现故障,需要维修或正在维修,暂时不能出租的客房（英文简写"OOO"）。

（5）请勿打扰房。指客人因为某些原因不愿被服务员或其他人员打扰而在房间门上挂上"请勿打扰"牌或开启"请勿打扰"灯的房间（英文简写DND）。

（6）请即打扫房。指客人需要服务员马上为其打扫的房间,一般口头向服务员提出或者在门上挂上"请即打扫"牌（英文简写MUR）。

（7）保留房。指饭店为团队客人或者会议客人预留的房间（英文简写BR）。

（8）贵宾房。指接待重要客人的房间（英文简写VIP）。

三、预订前的准备工作

预订员在受理预订业务之前应该做好相应的预订准备工作,以确保预订业务的顺利进行。

（1）检查仪表仪容;

（2）做好交接班;

（3）整理环境;

（4）备好报表、表格、收据;

（5）掌握饭店当时的房价。

四、预订业务的受理

预订员要准确掌握本饭店客房产品的特点、价格及当前预订状况和相关促销政策，在接到客人订房要求时迅速查看计算机房态表判断饭店有无房源满足客人的订房要求，如果能满足就填写预订单，不能满足客人的要求，则应实事求是地说明情况，婉拒不能因为交易未达成而终止服务，应主动提出建议供客人选择，这样做不仅可以更好地推销客房，还可以塑造饭店良好的形象。

案例学习

巧妙推销豪华套房

某天，南京金陵饭店前厅部的客房预订员小王接到一位美国客人从上海打来的长途电话，想预订两间每天收费在120美元左右的标准双人客房，三天以后开始入住。小王马上翻阅了一下订房记录表，回答客人说由于三天以后饭店要接待一个大型国际会议的多名代表，标准间客房已经全部订完了。小王讲到这里并未就此把电话挂断，而是继续用关心的口吻说："您是否可以推迟两天来，要不然请您直接打电话与南京××饭店去联系如何？"美国客人说："我们对南京来说是人地生疏，你们饭店比较有名气，还是希望你给想想办法。"小王暗自思量以后，感到应该尽量不要使客人失望，于是接着用商量的口气说："感谢您对我们饭店的信任，我们非常希望能够接待像您这样尊贵的客人，请不要着急，我很乐意为您效劳。我建议您和朋友准时前来南京，先住两天我们饭店的豪华套房，每套每天也不过收费280美元，在套房内可以眺望紫金山的优美景色，室内有红木家具和古玩摆饰，提供的服务也是上乘的，相信你们住了以后会满意的。"

小王讲到这里故意停顿了一下，以便等客人的回话，对方沉默了一些时间，似乎在犹豫不决，小王于是开口说："我料想您并不会单纯计较房价的高低，而是在考虑这种套房是否物有所值。请问你们什么时候乘哪班火车来南京？我们可以派车到车站来接你们，到店以后我一定陪您和您的朋友一行亲自去参观一下套房，再决定不迟。"美国客人听小王这么讲，倒有些感到难以推却了，最后终于答应先预订两天豪华套房。

案例思考

1. 小王成功销售套房的技巧是什么？

2. 在销售过程中小王采用了什么报价方式？

案例评析

前厅部客房预订员在平时的岗位促销时，一方面要通过热情的服务来体现；另一方面则有赖于主动、积极的促销，只有掌握了销售心理和语言技巧才能奏效。

本案例中的小王在促销时确已掌握所谓的"利益诱导原则"，即使客人的注意力集中于他付钱租了房后能享受哪些服务，也就是将客人的思路引导到这个房间是否值得甚至超过他所付出的。小王之所以能让客人接受他的建议，在于他不引导客人去考虑价格，而是用比较婉转的方式报价，以减少高房价对客人的直接冲击，避免使客人难于接受而陷于尴尬。小王的一番话使客人感觉自己受到尊重了，并且小王的建议是中肯且合乎情理的，在这种情况下，客人反而很难加以否定回答说个"不"字，小王终于达到了饭店积极主动促销的正面效果。

客房预订操作流程

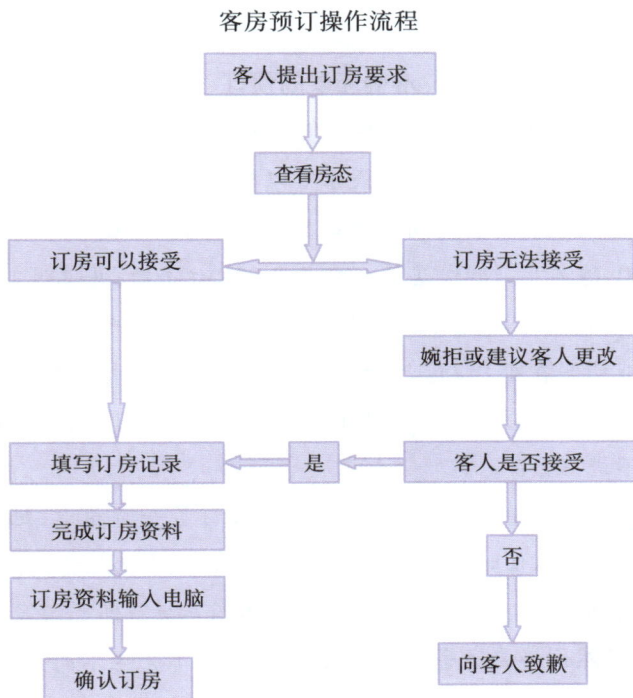

（一）电话预订受理程序

程　序	操作要求及标准
接听客人电话	铃声响三声之内接听电话
问候客人并报饭店名称和部门	向客人问好并自报饭店名称和部门：某饭店预订部。注意语言热情礼貌
聆听客人预订要求	确认客人预订日期、用房种类、用房数量、抵离店时间
介绍房间类型和房价	向客人介绍饭店房间种类并报房价，选择适当的报价方式
询问客人姓名	询问客人全名并进行拼写，复述确认客人姓名
询问客人付款方式	询问客人付款方式并在订单上注明
询问客人特殊要求	询问客人有无特殊要求，复述并作好记录
复述客人预订内容	再次确认客人预订日期，用房种类，用房数量，抵离店时间和特殊要求

续表

程　序	操作要求及标准
完成预订,向客人致谢	用礼貌语言感谢客人来电订房
将客人的预订资料存档	将客人的预订资料输入计算机存档

案例学习

准确无误的预订

4月25号,陈先生打电话到某饭店要求预订5月1—4日的标准间3天,预订员小马查阅了饭店5月1—4日客房预订情况,表示可以接受陈先生的订房要求,并告知陈先生饭店将给他预留3210房间,并把房间保留到5月1日的18:00。

5月1日15:00,陈先生来到饭店前台要求办理入住手续,并说明自己办理了预订,接待员小张查阅预订后抱歉地说:"对不起,陈先生,您没有预订啊?"

"怎么可能? 我明明在4月25日预订了3210房间。""对不起,我已经查阅了,3210房间已经入住的是一位程先生,请问您是不是弄错了?""不可能,我预订好的房间,你们也答应了,为什么不讲信誉?"

接待员小张一听,赶紧核查预订才发现,原来预订员一时粗心,把"陈"错输成"程"了,而正好有一位程先生入住时,小张以为就是预订人,随手就把程先生安排入住了3210房间。于是小张很抱歉地说:"陈先生,实在抱歉,本饭店标准间已经客满,请您入住4230豪华间,八折优惠,虽然价格要高些,但还是物有所值。"陈先生不同意,并且很生气,认为饭店有意欺骗他,立即向大堂副理投诉。

案例分析

电话预订是较为普遍的预订方式,但由于受语言障碍、电话的清晰度以及受话人的听力水平等影响,电话订房容易出错。

本案例中预订员在接受预订时疏忽大意,没有注意电话预订的一些具体要求和细节而导致客人不能顺利入住。

服务提示

1. 电话铃声响三声以内应立即用左手拿起听筒,主动热情地向客人问好并报自己饭店的名称和部门。如"您好,阳光酒店预订部",右手拿笔准备作记录。若铃声超过三声应向客人致歉,说"对不起,让您久等了""对不起,耽误您时间了"等礼貌用语。

2. 询问客人姓名的时候一定要拼写客人姓名并进行复述。

3. 提醒客人客房保留时间是18:00,若客人超过18:00抵店又需要保证其订房,则要在订单上注明,并要求客人告知预订担保方式以担保预订,如客人的信用卡号码和发卡公司名称。

4.如果不能满足客人的订房要求,应向客人致歉,同时请客人留下联系方式,告知客人,一旦有空房马上与之联系,并确定再次通话时间。

（二）当面预订受理程序

程 序	操作要求及标准
热情问好	注意表情、姿态和语言热情礼貌
询问客人订房需求	了解客人的订房需求 1.房间种类 2.用房数量 3.抵离店时间 4.住店夜次
查看饭店房源	1.迅速查看电脑(预订控制簿、预订架)了解订房状况 2.查看可用房态(当天预订还要参看当天是否能排房)是否能满足客人的需求
询问客人姓名	1.询问客人姓名并进行拼写 2.查看其有效证件获知客人姓名
询问客人是否需要保证订房	如果客人需要保证订房: 1.向饭店缴纳预付款 2.告知饭店信用卡号码和发卡公司名称
填写预订单	1.将客人的预订要求准确地填写在预订单上 2.在饭店软件管理系统中完成预订 3.告诉客人预订的确认号码
确认预订	接受客人预订要求后: 1.再次复述客人的预订要求 2.在饭店与客人之间就房价、付款方式、取消房款等问题达成协议
告别客人	1.告诉客人饭店已经完成了预订的相关手续 2.再次提醒客人饭店为其保留客房的时间,希望客人按时到店入住 3.礼貌地向客人告别,感谢客人来订房

🔍 **服务提示**

1.受理此预订时不能向客人作具体房号的承诺。

2.确认客人的抵店日期和具体时间,告诉客人若无明确的抵达时间或航班,饭店只将其预订房保留到客人入住当天晚上 18:00。

（三）网络预订受理程序

程　序	操作要求及标准
获悉信息	1. 客人进入饭店预订中心网络系统,注意搜寻跟踪相关信息 2. 预订中心通过电脑获悉各饭店的客房出租情况,注意信息的准确、迅速
确认判断	1. 确认客人的预订要求 2. 电脑随即将预订要求与客人预计抵店日期和饭店房源情况进行对照 3. 作出是否受理预订的判断
打单邮寄（或短信通知）	1. 打出预订确认单 2. 将第一联传真给客人或用短信通知客人 3. 饭店根据客人的预订内容为客人保留客房

（四）传真预订程序

程　序	操作要求及标准
收办传真	1. 了解传真的内容 2. 明确客人的订房要求
核查判断	1. 查看客房可用房态 2. 确定是否受理预订
记录传真	1. 在传真收发簿上登记 2. 将收到的备份传真复印件留底
填写订单	把客人的预订要求填写在预订单上
回发传真	按程序给客人发送传真
记录存档	将所有的资料输入电脑,记录预订编号以备查

（五）团队订房受理程序

程　序	操作要求及标准
受理团队客人预订	明确团队预订要求及相关细节: 1. 团队名称、人数 2. 用房种类、数量、抵离店时间 3. 费用报价、用餐要求和标准
核查洽谈	1. 核查订房人身份、单位和联系方式 2. 确定优惠价格和付款方式
复述预订内容	1. 复述客人预订要求 2. 明确房间保留的最后时限

程　序	操作要求及标准
受理团队客人预订信息变更	1. 调出团队资料 2. 在计算机上作相应的更改
核对团队预订信息	1. 提前 1~4 天电话联系接待单位,仔细核对团队客人预订信息 2. 核对团队名称、人数、用房数量 3. 核对客人抵离店时间及在店用餐情况
制作团队接待通知单	1. 打印团队通知单 2. 提前 3 天分别发给总台收银、客房服务中心和宴会部
完成团队客人抵店前的准备工作	1. 检查整理团队预订资料 2. 控制具体房号并做好用房分配表 3. 制作好团队房卡和钥匙

🔍 **服务提示**

在接受客人预订过程中,当无法满足客人的预订要求时就婉言拒绝客人的预订,婉言拒绝客人的订房并不意味着对客服务的终止,而应该征求客人意见或给客人提出建议。

1. 建议客人重新选择抵店日期;

2. 建议客人改变用房类型;

3. 建议客人改变房价要求;

4. 询问客人是否愿意接受等待类订房;

5. 为其推荐其他饭店客房。

五、预订的确认

预订的确认不但使饭店进一步明确客人的预订要求,而且就饭店和客人的要求之间达成正式的协议,一般确认的内容有:

(1)满足客人对预订房间的要求;

(2)满足客人对预住期限的要求;

(3)与客人就房价达成一致意见;

(4)与客人就付款方式达成一致意见;

(5)与客人就预订取消条款达成协议。

033

练一练

填写预订确认函

××××酒店		
地址_____	人　　数_____	房　　价_____
电话_____	房价种类_____	数　　量_____
您对_____	抵店日期_____	离店日期_____
_____	预订时间_____	
_____	联 系 人_____	联系电话_____
的预订已被确认		

注意:本饭店愉快地确认了您的订房,预订客房将保留至晚上 18:00,如果迟于 18:00 到达的宾客,请与饭店联系。

预订员:　　　　　　　　电话:

日　期:

六、预订资料的储存

当预订确认书发出以后,必须及时正确地记录储存预订资料,以防疏漏。预订资料一般包括客房预订单、预订确认书、预付订金收据、预订变更单以及客人原始预订凭证等。预订资料记录储存的方式一般有两种:

(1)按客人所订抵店日期顺序将预订资料归档储存;

(2)按客人姓氏字的第一个字母顺序(A—Z)储存。

七、预订的修改

预订客人在实际抵店前,因种种原因可能对其原有预订进行更改和取消,预订员在接到客人的预订取消或修改信息时,应做好预订资料的处理工作。

修改预订的程序

程　　序	工作要求和标准
接受客人更改信息	1. 询问客人原定抵离店日期 2. 询问客人需要更改的日期
确认更改预订	1. 找出客人原始预订资料 2. 在有空房的情况下为客人更改并作记录 3. 记录更改人的姓名和联系电话
更改资料存档	1. 将更改资料和原始资料钉在一起 2. 按日期、客人姓名存档

程　序	工作要求和标准
未确认更改的处理	1.如果无法满足客人的更改要求,应及时向客人解释 2.告诉客人预订暂时放在等候名单里,有了空房及时与客人联系
对客人致谢	1.感谢客人及时给饭店发出通知 2.感谢客人的理解与支持
通知	将更改信息通知饭店相关部门

🔍 **服务提示**

接到客人预订修改或预订取消信息时应注意一些服务要点:

1.迅速查找客人的预订单,并作出相应的标记;

2.记录来电者姓名、电话号码;

3.修改相应的预订资料;

4.尽快给饭店相关部门发出更改或取消的通知;

5.尽量简化取消预订的手续。

035

八、客人抵店前的准备

做好预订客人抵店前的准备工作,有助于相关部门根据计划安排,对不同客源类型、不同身份、不同特点的客人提供有针对性的服务,并做好充分的准备工作。客人抵店前的准备工作大致分为 3 个阶段:

时　间		工作要求及标准
第一阶段	抵店前一周或数周	1.分发各类预订表 2.将主要客情信息通知各部门
第二阶段	抵店前夕	1.准备好次日预期抵达客人名单 2.准备好鲜花、水果通知单 3.将客情具体安排以书面的形式通知相关部门
第三阶段	抵店当天	1.总台接待员根据客人要求提前排房 2.将有关细节通知相关部门

🔍 **服务提示**

1.将散客和团队客人住房区进行区别划分,以减少相互干扰。

2.掌握对维修房分期、分批、分区域的工程检修及维护计划,以免影响客人休息。

3.旅游旺季房源紧张时,加强与客房部的协调沟通。

实训活动

活动1：电话预订情景模拟

训练项目	电话预订情景模拟
训练目的	1.电话预订程序 2.能根据电话预订程序熟练受理电话预订业务，并能适时进行电话促销
训练准备	1.客房预订单 2.订房记录表 3.编写情景对话 4.把学生分组
训练方法	情景模拟、分组练习
训练要求	1.向客人问好，并报出饭店名称和部门 2.向客人介绍房间 3.获悉客人订房要求 4.迅速查看客房状况，确定能否接受客人的预订 5.确定客房价格 6.正确填写订房单 7.复述客人订房要求及客人相关信息 8.向客人致谢
训练步骤	1.学生观看视频 2.教师先讲解示范 3.学生两人一组，分别扮演预订员和客人进行模拟练习 4.请部分学生上台表演 5.学生观察并相互点评 6.教师指导纠正

活动2：当面预订情景模拟

训练项目	当面预订情景模拟
训练目的	1.了解受理预订业务的基本知识 2.掌握利用有效对话获取订房信息及实行客房推销的步骤、方法 3.能够熟练受理当面客房预订业务
训练准备	1.客房预订单 2.订房记录表 3.编写情景对话 4.把学生分组
训练方法	情景模拟、分组练习

训练要求	1. 主动热情地向客人问好 2. 向客人介绍房间 3. 获悉客人的订房要求 4. 确定客房价格 5. 正确填写订房单 6. 确认客人订房要求及客人相关信息
训练步骤	1. 教师讲解示范 2. 学生两人一组,分别扮演预订员和客人进行模拟练习 3. 请部分学生上台表演 4. 学生观察并相互点评 5. 教师指导纠正

活动 3:填写预订变更单

客人姓名		联系电话		预订编号	
地　　址		抵店日期		离店日期	
预订客房类型		房间数量		房　　价	
预付订金		结账方式			
原预订编号		原抵达日期		原房价	
预订更改日期		预订员			

037

活动 4:练习写婉拒致歉信

_____小姐(先生):

　　由于本饭店_____年____月____日的客房已经订满,我们确实无法接受您的订房要求,对此,我们深表歉意,感谢您对我饭店的关照,希望下次有机会为您服务。

××饭店预订处
年　月　日

展示与评价

电话预订鉴定表

姓名_____　　　　组别_____　　　　时间_____

序　号	鉴定考核内容	分　值	自　评	教师评
1	电话铃声响三声之内拿起电话	5		
2	向客人问好并报出饭店名称和部门	10		

续表

序　号	鉴定考核内容	分　值	自　评	教师评
3	向客人介绍房间并报房价	15		
4	获悉客人订房要求	15		
5	询问付款方式	5		
6	向客人复述订房要求	10		
7	向客人致谢	10		
8	语言亲切自然、规范，姿态优美，手势得体	10		
9	积极主动地参与了本次活动的完成	10		
10	在本次活动中与同伴有很好的合作	10		
总　分		100		

当面预订鉴定表

姓名_____　　　　组别_____　　　　时间_____

序　号	评价内容	分　值	自　评	教师评
1	主动热情地向客人问好	5		
2	获悉客人订房要求	10		
3	向客人介绍房间并报房价	15		
4	说明付款方式	10		
5	填写订房单	10		
6	确认客人订房要求	10		
7	向客人致谢	10		
8	语言亲切自然、规范，姿态优美，手势得体	10		
9	积极主动地参与了本次活动的完成	10		
10	在本次活动中与同伴有很好的合作	10		
总　分		100		

想一想

网络预订、传真预订中，服务员无法直接拒绝客人，此时饭店通常会给客人签发致歉信。应该如何撰写婉拒信？

订房婉拒应考虑的因素：

（1）房间种类；

（2）用房数量；

（3）抵离店时间；

（4）住店夜次。

订房婉拒的理由：

（1）饭店完全客满；

（2）客人所订房间种类已经完全售出或者房间数量不够。

范例参考

电话预订情景对话

预订员：你好，阳光酒店预订处，请问有什么可以帮您？

客　　人：我想订房间。

预订员：好的，请问您需要什么样的房间呢？我们有标间每晚480元，大床房每晚420元，普通套房每晚680元，商务套房每晚780，豪华套房每晚880元，房间里都配有台式电脑和网络插口。

客　　人：我订一间商务套房。

预订员：好的，请问您订哪一天？

客　　人：下周六。

预订员：好的，请问您住几天？

客　　人：3天。

预订员：好的，下周六是5月25日，住3天，5月28日离店。

客　　人：是的。

预订员：先生，请问您贵姓？

客　　人：免贵姓程，程波。

预订员：请问是包东陈还是禾口程？

客　　人：禾口程。

预订员：好的。请问您是现金结账还是信用卡？

客　　人：现金。

预订员：请问您还有什么特别的要求吗？

客　　人：我需要楼层高一点，能够看见外景的房间。

预订员：好的。请问您需要保证您的订房吗？这样我们可以为您保留房间，我们只将普通订房保留到18:00。您可以先用信用卡担保，到时候再用现金结账。

客　　人：我需要保证我的订房。

预订员：好的，请问您的信用卡名称和卡号？

客　　人：我的信用卡是×××，卡号是×××××××××××。

预订员:程先生,请问您的联系电话,我们好及时与您联系?

客　人:1360×××8887。

预订员:谢谢! 程先生,请您核对以下内容:您订了一间商务套房,要求楼层高一点的外景房,价格是每晚780元人民币,住3天,5月25日到5月28日,现金结账,您的联系电话是:1360×××8887。

客　人:是的。

预订员:程先生,谢谢您的订房,我们恭候您的光临!

客　人:谢谢,再见!

预订员:不用谢,再见!

预订的控制及失约行为的处理

学习目标

1. 认识超额预订的作用；
2. 能正确处理预订失约行为；
3. 培养学生解决问题的能力。

学习准备

1. 把学生分成 4~6 人一组的学习小组；
2. 以小组为单位到当地酒店了解前厅部预订处是怎样进行超额预订控制的；
3. 了解饭店是如何处理预订失约行为的。

相关知识

客人向饭店预订了房间，并不是所有人都能如期抵店，总有一些人因为不同的原因临时取消预订或者提前离店而使饭店房间闲置，饭店为了弥补因房间闲置而造成的经济损失，往往采取超额预订的措施。

一、超额预订

1. 超额预订的概念

超额预订是指饭店在一定时期内所接受的客房预订数大于可供房间数，即饭店的房间已经满了，在订满的基础上还增加一定的预订量。

2. 超额预订的操作控制

要控制好超额预订，最重要的是要掌握好团体订房和散客订房的比例，团体订房是事先有计划有组织的，预订取消和预订不到的可能性较小，即使是取消预订，也会事先通知饭店。而散客预订的随意性较大，受外界因素的影响也较大，所以相对于团体订房而言，预订取消和预订不到的可能性要大些，因此要注意团体订房和散客订房的比例。一般情况下，团体订房多，散客订房少，超额订房就应该适当减少；而散客订房多，而团体订房少，超额订房的比例就应适当大些。

二、预订失约行为产生的原因

(1)未能准确掌握可售房的数量;

(2)预订过程出现差错;

(3)没有真正理解客人的预订要求;

(4)预订员对销售政策不够了解;

(5)超额预订过度。

三、预订失约行为的处理

案例学习

预订的房间没有了

一天下午6:00前,一位客人找到大堂值班经理说:"我是从美国来的史密斯先生。"客人显得有些生气的样子做自我介绍。原来这位客人在三天前给饭店客房预订部打过电话,要求预订一间高层向阳的标准间,当时预订部人员按客人要求为其办理了预订手续,但当客人到达饭店办理入住手续时,接待员却告诉客人向阳的标准间已经全部出租了,问客人是否可以更换一间别的房间。客人当即表示:既然在三天前就作了预订,就不应该出现此类情况。值班经理很快查明原因:原来当日上午一位未预订的客人也提出要高层向阳的房间。接待员未见史密斯先生到店,以为他不会来了,便将此房间安排给了这位客人。值班经理知道上述情况后,马上向客人道歉。并为客人安排了一间高层向阳的豪华间,房费仍然按标准间收取。第二天饭店有了空房,接待处重新为史密斯先生安排了一间高层向阳的标准间,并安排行李员协助客人换房。

案例思考

1. 如何掌握预订取消时限?

2. 客人没有住上预订的房间怎么办?

3. 如果房间紧张,即使让客人升级入住也没有房间怎么办?

从以上案例分析得出,在处理预订失约行为时,对于在规定时间内抵店的持保证性和确认性预订证明的客人,由于饭店原因而导致客人没有房间,按照国际惯例及饭店业常规,可采取的处理方法是:

(1)诚恳解释原因并致歉,请求客人原谅;

(2)立即与其他同等级饭店联系,请求援助;

(3)免费提供交通工具和第一夜房费;

(4)免费提供一两次长话费或传真费;

(5)临时保留客人的有关信息;

(6)征得客人同意,并做好搬回饭店的接待工作;

(7)向预订委托人致歉;

(8)向提供援助的饭店致谢。

案例学习

客人不能住上预订的房间

南京某酒店的门前停着一辆出租车,一对日本夫妇先后从车上走下,接待员接过行李,陪同客人来到总台。"我能为两位做些什么吗?"接待员十分有礼貌地问。"我在三天前离开大阪时打电话在你们饭店预订了一间朝南的套房,说定今日下午抵达,请你帮忙查一下预订记录。"那位日本先生说话慢条斯理。

接待员早就料到他们的到来,因为预订记录上确实写着"三木先生今天下午来店。"问题是今天的空房出租率为100%,实在没有空房。"您的订房记录在这里,但十分抱歉,今天我们没有一间空房,希望您能谅解。"接待员道歉说。"那不行,我和夫人新婚旅行,特别到南京瞻仰中山陵。就是因为担心没有房间,才从大阪提前打电话来预订。你们已经答应的话,怎么能不算数呢?"三木先生非常恼怒。

"确实十二万分抱歉,今天下午原定的一个旅行团增加了几名成员,多要了四个房间,所以原订的房间不得不给他们了。"接待员如实相告。三木夫妇更加生气了:"他们没有预订却有房间住,我们提前三天就预订了反而没有房间,他们比我们重要?"本来说话很慢的三木先生此时节奏加快了。"不是那么回事,那个旅行团中很多人在南京玩得太累了,生了病,为了能照顾好那些病人,旅行团负责人希望客人不要分散在几个饭店,所以占用了先生的房间。"接待员解释说,"我已经向经理汇报过此事,我们已经和本市的一家五星级饭店联系好了,他们今天有空房,我已经为两位代订了一间朝南的套房,那儿的设施和服务都不错,房间又临街,可以观赏南京的市容。如果两位没有意见的话,我马上派车送你们过去暂住一晚上。尽管他们的房价比我们饭店的高出很多,但你们只需按预订的价格付费,明天上午我再派车接二位回来,我一定给你们安排一间朝南的房间。"

三木夫妇听说付四星级饭店的房费可以住五星级饭店,何乐而不为?于是欣然同意。

案例评析

本案例中饭店站在客人的立场上提出解决问题的建议,在一般情况下,都能让客人接受,饭店在经济上遭受了一些损失,但却挽回了饭店的声誉,留住了客人。俗话说,"金杯银杯不如客人的口碑",饭店把客人的问题解决好了,既可以缓解客人和饭店的关系。也可以通过客人宣传饭店,因为客人也是饭店的义务推销员。

所以对于其他有预订的客人届时无房提供时,则应礼貌向客人说明情况,并帮助推荐其他饭店,同时欢迎客人第二天在有空房时入住本饭店。

服务提示

1. 超额预订一定要把握好超额的幅度和数量,一般是控制在5% ~20%之间。

2. 一般饭店无须接受或谨慎接受超额预订。

3. 如果因超额订房而发生预订失约,饭店一定要妥善处理。

实训活动

请根据所学习的预订业务相关知识或饭店业常规分析处理以下问题:

1. 某日19:40,某星级饭店的常客李先生携带着三件行李,急匆匆地来到总台,声称自己三天前预订过一间商务房,晚间将有几位朋友相约来拜访他,要求马上办理入住登记手续,可总台却无法找到其预订资料,并且饭店已无空房。

2. 2012年9月1日,王先生向某饭店预订了一间280元的单人间,将在10月1日入住,饭店进行了书面确认,王先生如期抵店时,饭店却因客房无法周转而不能向王先生提供已经确认的房间。

训练项目	预订失约行为处理
训练目的	1. 会根据所学习预订知识分析案例 2. 能正确处理案例中发生的事情 3. 培养学生分析问题、解决问题的能力
训练准备	1. 把学生分成小组 2. 让学生自己上网寻找案例 3. 教师统一呈现案例
训练方法	1. 分组讨论 2. 情景模拟练习
训练要求	1. 主动向客人问好 2. 认真倾听客人的述说 3. 向客人道歉 4. 请客人的谅解 5. 及时妥善处理案例中发生的事情
训练步骤	1. 教师呈现案例(1)、(2)…… 2. 学生分组讨论 3. 请小组代表发言 4. 教师总结归纳

展示与评价

预订失约处理鉴定表

序　号	评价内容	分　值	自　评	教师评
1	积极主动地参与讨论	25		
2	情景模拟练习中主动向客人问好	10		
3	情景模拟练习中主动向客人道歉	10		
4	及时处理了客人的事情	25		
5	积极主动地参与了本次活动的完成	20		
6	在本次活动中与同伴有很好的合作	10		
总　分		100		

【鉴定练习】

一、填空题

1. 客房预订是指＿＿＿＿＿＿＿＿＿＿预先要求饭店为其提供＿＿＿＿＿＿＿＿＿。

2. 预订的种类有＿＿＿＿＿＿＿＿＿、＿＿＿＿＿＿＿＿＿、＿＿＿＿＿＿＿＿＿。

3. 客人可以采用＿＿＿＿＿＿＿＿＿、＿＿＿＿＿＿＿＿＿、＿＿＿＿＿＿＿＿＿来保证订房。

4. 电话预订有利于预订员详细了解客人对＿＿＿＿＿＿＿＿＿、＿＿＿＿＿＿＿＿＿、房价、付款方式、＿＿＿＿＿＿＿＿＿＿及特殊服务等要求，并适时进行＿＿＿＿＿＿＿＿＿＿。

5. 确认性预订的方式有＿＿＿＿＿＿＿＿＿和＿＿＿＿＿＿＿＿＿两种。

6. 客人可以运用＿＿＿＿＿＿＿＿＿、＿＿＿＿＿＿＿＿＿、＿＿＿＿＿＿＿＿＿三种方式来保证自己的订房。

7. 受理或婉拒预订应考虑的因素有＿＿＿＿＿＿＿＿＿、＿＿＿＿＿＿＿＿＿、＿＿＿＿＿＿＿＿＿、＿＿＿＿＿＿＿＿＿。

8. 预订资料的记录储存方式有＿＿＿＿＿＿＿＿＿、＿＿＿＿＿＿＿＿＿＿＿＿＿＿＿＿＿。

二、选择题

1. 传递迅速、内容详尽，并可传递客人真迹的预订方式是（　　　）。

    A. 传真   B. 信函   C. 电话   D. 网络

2. 目前最先进、最经济快捷的预订方式是( )。

    A. 传真   B. 信函   C. 电话   D. 网络

3. 我国星级酒店规定临时性预订的预订取消时限是( )。

    A. 12:00   B. 16:00   C. 18:00   D. 20:00

4. 客人抵店前的准备工作可以分为( )阶段。

    A. 2 个   B. 3 个   C. 4 个   D. 5 个

5. 按国际上的管理经验,超额预订通常可控制在可订房数的( )左右。

    A. 5% ~ 10%   B. 5% ~ 20%   C. 5% ~ 25%   D. 5% ~ 15%

三、判断题

1. 客人事先进行客房预订是为了享受房价优惠。   ( )

2. 预付款一般为所订客房的一夜房费。   ( )

3. 预付款担保是指客人缴纳预付款而获得饭店的预订保证。   ( )

4. 回复客人信函预订应避免给客人留下私人信件的印象。   ( )

5. 受理面谈预订时,应尽量向客人确认住店天数、抵离店时间,并将其预订的房号告知客人。   ( )

6. 一般情况下,所有的预订客人都能如期抵店。   ( )

7. 若某段时间团队预订多、散客预订少,超额预订的比例不宜过大。 ( )

8. 我国国内大多数饭店一般无须接受或谨慎接受超额预订。   ( )

项目3
接待服务

　　总台接待服务是饭店的信息指挥枢纽和业务核心,该项目包含的工作任务有:饭店电脑系统的操作、客人入住登记、退房结账、接待中常见问题的处理,通过这几个任务的学习,使学生能够根据饭店电脑操作系统规范地为客人办理入住登记、换房续房、退房结账服务,具备一个中级服务员的职业能力。

项目目标

1. 熟悉前台的工作职责和工作内容;
2. 会填写前台的各种表单;
3. 会操作前台常用的各种设备设施和电脑管理系统;
4. 能运用饭店信息系统为客人办理入住登记手续;
5. 能够规范地为客人提供换房、续房服务;
6. 会使用饭店操作系统为客人办理离店手续。

饭店管理信息系统的操作

学习目标

1. 会识别各种饭店管理信息系统,熟悉本饭店操作系统;
2. 熟悉本地公安上传系统;
3. 能熟练操作饭店管理信息系统;
4. 能熟练操作各种银行卡 POS 机;
5. 能操作饭店的发票开具系统;
6. 能操作饭店门锁卡管理系统。

学习准备

1. 教师课前布置任务,让学生自行到当地饭店了解前厅设施设备和管理软件情况;
2. 教师利用多媒体课件向学生展示前台的各种设施设备和表格报单的图片;
3. 把学生分成 2~4 人一组的学习小组。

相关知识

一、饭店前台管理操作系统

饭店管理系统是饭店管理者利用智能高科技来完成客人入住饭店的一系列管理功能。目的是高效、准确,同时能规避各种管理漏洞,实现科学管理。

常见的饭店管理系统有:

(1)饭店管理软件系统;

(2)公安上传系统;

(3)银行卡 POS 系统;

(4)电脑发票开具系统;

(5)门锁卡管理系统。

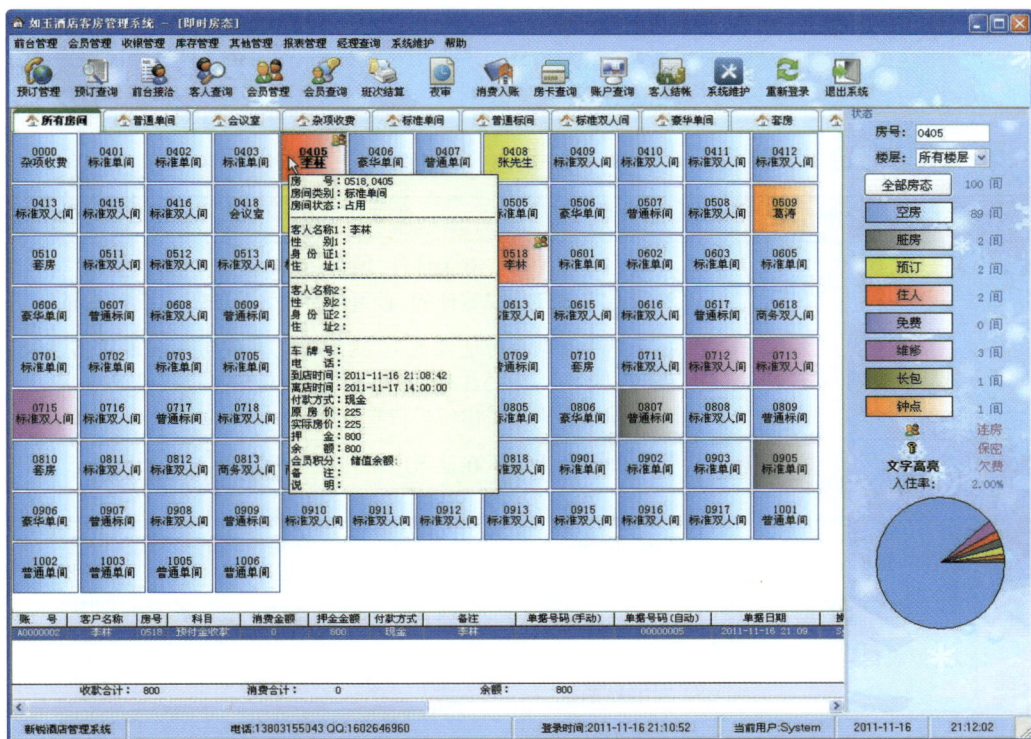

二、饭店的软件管理系统

目前比较普遍的饭店管理软件系统有西软管理系统、东软管理系统、中软管理系统、千里马管理系统、迈进管理系统。

各功能模块的具体功能和操作如下：

（1）销售管理系统。销售管理系统包含预订系统管理、协议单位管理、会员客户管理、各类销售统计报表管理、客户消费报表管理、销售分析报表管理等。

（2）前厅管理系统。前厅管理系统包含预订、入住、换续房、账务处理、退房等一系列功能。

（3）客房服务中心系统。客房服务中心系统包含房态管理、迷你吧管理、客房控制系统管理等。

（4）餐饮管理系统。餐饮管理系统包含菜单录入、点菜、下单、退换菜以及结账收银等管理。

（5）娱乐、工程、库管等系统功能管理。

三、饭店公安上传系统

（一）入住登记的管理制度和有效证件的识别

1.入住登记的相关规定

客人类型及要求	具体操作规范
对外国人和华侨、港澳台同胞	1.应当查验护照或有关证件，填写《境外人员住宿登记表》。 2.没有有效证件或签证的，必须及时报告公安部门或有关部门
未成年人	1.未携带有效身份证件的16周岁以下未成年人要求住宿，如有随行成年人一同的，以成年人提供的身份信息进行登记 2.立即报告当地派出所进行身份核对
其他无证人员住宿	1.通知其到饭店所在地派出所开具身份证明 2.进行登记，安排住宿
旅客住宿必须登记	1.专人负责登记工作，登记时，应当查验旅客的身份证件 2.由旅客按规定项目填写《住宿登记表》
登记表信息记录	1.旅客住宿登记表应按日按月装订成册备查 2.饭店应当实时将住宿旅客的登记信息资料录入旅行业治安管理信息系统

2.登记凭证

旅客类型	相关证件
国内旅客	1.居民身份证 2.临时身份证
军人	1.军官证 2.警官证 3.军官离、退休证 4.士兵证
无身份证的旅客	1.有照片的户籍证明 2.有照片的机动车驾驶证
外国人、华侨及港澳台同胞	1.护照 2.台湾居民来往大陆通行证 3.港澳居民来往内地通行证 4.回乡证等有效证件

（二）内宾和外宾入住登记时公安系统的操作程序

（1）登录打开扫描上传系统；

（2）根据内外宾客人区别找到不同的上传界面；

（3）把客人有效证件正确放置在扫描盒里进行扫描；

（4）扫描时要选择证件的种类；

（5）在公安系统里填写房号；

（6）选择保存上传。

（三）识别银行 POS 机操作系统

1. 各类银行储蓄卡及信用卡类别

（1）中国银行长城卡；

（2）中国工商银行牡丹卡；

（3）中国建设银行龙卡；

（4）中国交通银行太平洋卡；

（5）中国农业银行金穗卡；

（6）平安银行卡、中信银行卡、兴业银行卡、民生银行卡等。

2. 客人使用信用卡操作程序

（1）客人使用信用卡入住时一般进行的是信用卡预授权冻结处理，按照客人即将消费的金额根据各饭店的规定一般按即将消费金额的 1.5～2 倍进行预授权冻结。

（2）在 POS 机上选择预授权并录入预授权冻结金额，请客人录入密码点击确认。

（3）打印 POS 单一式两联，请客人在其中一联 POS 单上签名，并把客人签名的 POS 单与客人的入住登记单装订在一起放在房袋内。

（4）客人结账退房时将预授权的 POS 单根据客人的实际消费金额进行预授权确认处理。

（5）在 POS 机上进行确认处理，请客人核对消费金额并输入密码进行确认。

（6）也可以直接将客人的预授权冻结全部取消后直接根据客人的消费金额进行下账。

（7）打印 POS 单一式两联，请客人在一联上签字确认，员工将客人签字联与客人的结账单一起交收银台。

（四）饭店开发票系统

1. 发票的类别

饭店发票类别一般分为住宿发票、餐饮发票、会务发票、娱乐发票。

2. 开发票的程序

（1）询问客人开发票的具体单位名称和开发票种类；

（2）在发票系统里录入单位，选择发票种类，输入消费金额；

（3）检查电脑发票的编号是否与纸质发票编号一致；

（4）确认打印并将发票双手递交给客人。

（五）房卡的写、读、续和注销的各项操作

（1）在房卡系统界面里选择客人的入住时间和离店时间；

（2）确认制卡后设备将会提示制卡成功；

（3）客人续房时在房卡系统里选择读卡；

（4）在读卡信息里修改客人的离店时间；

（5）选择制卡；

（6）客人离店退回的房卡在房卡系统里读卡后选择注销；

（7）注销后该房卡成空白新卡归档。

服务提示

1. 如果客人持的不是信用卡，而是储蓄卡，则无法进行预授权，只能告诉客人直接根据客人即将消费的金额刷卡消费，消费后将不允许退套现金。

2. 信用卡一般有一定的透支信用额度，预授权确认后多余冻结的金额将自动退还到客人的卡上。

3. 在系统内对发票作废。

4. 发票金额录入必须在半角输入状态下才能输入。

5. 注意发票开具的严肃性和银行卡操作的准确性。

6. 客人换房也需要及时在公安上传系统内进行房号修改换房。

7. 客人退房后也必须及时在公安上传系统内进行退房处理。

实训活动

电脑操作系统练习

训练项目	为客人制作房卡、续卡和退房注销，开发票
训练目的	按要求规范地为客人制作房卡、续卡以及退房卡的注销
训练准备	1. 各种房卡 2. 电脑多台 3. 练习用的发票单 4. 把学生分组
训练方法	学生分组练习
训练要求	1. 按要求规范制作不同房间的房卡 2. 按要求为客人续房卡 3. 客人退房卡的注销 4. 练习为客人开发票

训练步骤	1.教师先讲解操作过程并进行演示示范 2.学生分组在电脑上进行操作练习 3.请部分学生上台演示 4.学生观察并相互点评 5.教师指导纠正

展示与评价

前厅操作系统评价表

姓名_____　　　　组别_____　　　　时间_____

序　号	评价内容	分　值	自　评	教师评
1	能规范地为用电脑为客人进行房卡的读写操作	20		
2	能规范地用电脑为客人进行续卡操作	15		
3	会用电脑进行房卡的注销	15		
4	会为客人开发票	20		
5	在操作过程中姿势规范、姿态优美、手势得体	10		
6	积极主动地参与了本次活动的完成	10		
7	在本次活动中与同伴有很好的合作	10		
	总　分	100		

053

任务 2
入住登记

学习目标

1. 能运用饭店信息系统为散客和团队客人办理入住登记手续；
2. 能根据客人要求恰当地为客人排房；
3. 能根据 VIP 接待要求为客人办理入住登记。

学习准备

1. 教师课前布置任务让学生收集各类证件；
2. 教师利用多媒体课件向学生展示各种有效证件图片；
3. 把学生分成 2～4 人一组的学习小组。

相关知识

　　入住登记是前厅部对客服务工作全过程中的一个关键时刻，其工作效果将直接影响前厅功能的发挥。客人类型不同，办理入住登记的步骤也有一定的区别，对有预订的散客、无预订的散客、团队客人以及 VIP 客人在程序上都有所不同。

一、入住登记的准备工作

1. 制订用房预分方案

（1）根据预订确认书对团队客人和会议客人所要求的房间种类和数量制订预分方案；

（2）对 VIP 客人的房间进行预分时要注意在同类房间中方位、视野都处于最佳的房间；

（3）对有预订的散客的房间也要进行预分。

2. 检查核实房态

对预留的房间，接待员要同客房部保持联系，注意核对客房状态，特别是 VIP 客人的房间要由大堂副理亲自检查，对房态有差错的要及时进行纠正。

3. 准备入住资料

将客人入住所需要的一切资料准备妥当，待客人入住登记时使用。这些资料一般包括登记表、欢迎卡、客房钥匙、结账单和其他有关单据。

二、排房顺序和方法

1. 排房的顺序

接待员应根据房客的住宿要求排房，客人的要求越来越细化，同一类型的房客也因所处位置、楼层等不同而存在差异，接待员在排房时应给予考虑和选择，并注意排房的顺序，一般在排房时要考虑以下的顺序：

（1）团队客人；

（2）VIP 客人和常客；

（3）已付订金的客人；

（4）要求延期离店的客人；

（5）普通预订客人；

（6）无预订的散客。

2. 排房的方法

（1）尽量将团队客人和会议客人安排在同一楼层，这样便于团队领队和会议组织者联系；

（2）尽量将外宾和国内客人安排在不同的楼层，因为国内客人和外宾有着不同生活习惯；

（3）不要将敌对国家或者商业竞争对手安排在同一楼层或者相近的房间；

（4）注意房号的忌讳,有些客人特别不喜欢带"4"的房号。

三、入住登记程序

办理入住登记可分为散客入住登记、团队客人入住登记和 VIP 客人入住登记。不同类型的客人办理入住登记的程序也有所差别,散客又分为有预订的散客和无预订的散客。对于有预订的散客,就按程序直接为客人办理住宿登记;对于没有预订的散客,接待员要询问客人的住宿要求,同时看饭店房源能否满足客人的要求,若能够满足客人的要求,则按程序为其办理登记手续,若不能满足其要求,则应设法为其提供帮助,给客人留下良好的印象。

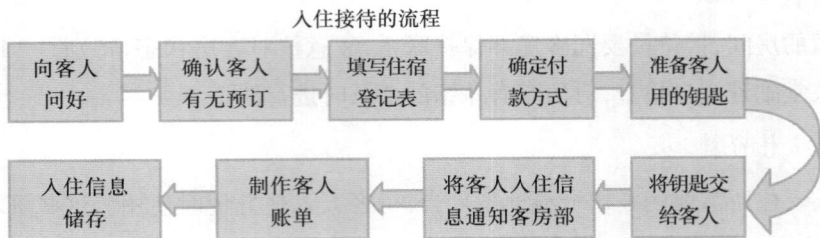

入住接待的流程

向客人问好 → 确认客人有无预订 → 填写住宿登记表 → 确定付款方式 → 准备客人用的钥匙

入住信息储存 ← 制作客人账单 ← 将客人入住信息通知客房部 ← 将钥匙交给客人

（一）散客入住登记程序

程　序	操作要求及标准	
识别客人有无预订	无预订	则根据客人的情况和饭店的房类资源向客人推荐房间
	有预订	与客人核对预订的内容:房间种类、协议单位、入住天数、房间价格
请客人出示有效证件	仔细巧妙地查验客人的身份证、护照、通行证等	
办理入住登记手续	1. 填写 RC 单请客人签名,双卡应在备注栏上注明 2. 核对扫描证件并上传保存 3. 为客人安排房间	
询问客人的预付方式	1. 现金结账,饭店就收取订金,为客人办理预付手续 2. 如果用信用卡结账,就向客人要信用卡授权	
制作房卡、钥匙	1. 将房卡、钥匙和客人证件一起递给客人 2. 递房卡、钥匙和客人证件时正面朝向客人 3. 双手递送	
告诉客人早餐的时间、地点	1. 告诉客人早餐的时间、地点 2. 提醒客人准时用餐	
祝客人入住愉快	注意语言的礼貌性	
为客人指示电梯方向	1. 注意手势的规范:四指伸直,拇指稍稍弯曲 2. 不得用单指指示 3. 不得用笔杆指示	

程　序	操作要求及标准
客人信息存储	1. 将客人相关信息在 5～10 分钟内输入 FOXHIS 和 PBS 电脑系统 2. 将 RC 单红联放入房孔内,白联存档归类 3. 在电脑里将"双卡"及客人的特殊要求备注清楚 4. 将资料整理归档放入固定位置

（二）团队入住接待程序

程　序	操作要求和标准
联系导游	1. 联系到店时间 2. 联系行李服务等要求
核实信息	1. 团队抵店时与导游核实团队名称 2. 核实用房数量 3. 请导游提供准确的客人证件资料信息
分配房间	1. 将小便签交给导游进行分房 2. 将房卡转交给导游或领队 3. 请导游或领队办理押金等手续
派送行李	1. 将分房表马上复印一份交给行李运送员 2. 行李运送员依据此分房表派送行李
询问特殊要求	1. 询问导游用早餐时间 2. 询问叫早时间和出行李时间 3. 将出行李时间、叫早时间用内部通知单分别准确传递地到行李组和客房服务中心
信息储存	1. 在电脑里办理 C/I,并录入准确的信息 2. 在 PBS 系统做好登记工作 3. 将资料分类存放

057

🔍 **服务提示**

1. 距离 3 米远处与客人目光交流,并亲切问候客人,询问客人是否需要帮助。

2. 灵活运用排房的技巧和方法,尽量满足不同客人的要求。

3. 将团队用房数和房卡数填写在团队预订单上以后一定要请导游、领队确认。并要求导游、领队留下有效联系方式、房号。

4. 在电脑里办理 C/I,并录入准确的信息,要特别注意领队、导游的房号及联系电话。

5. 如果早餐有特殊要求的必须及时通知到餐饮部。

（三）VIP 接待入住程序

程　序	操作要求和标准
了解信息	1. 客人的姓名、职务及 VIP 的规格 2. 是否需要专用车位、欢迎横幅 3. 从何处来、随行人数 4. 大约什么时间到店、客人的特别嗜好
制作接待通知单	1. 填写 VIP 接待通知单，并由房务总监或房务经理签发接待通知书 2. 将接待通知书分发到各相关部门和岗位
准备房间	1. 总台接到通知后提前安排好房间 2. 客房部提前重点做好房间卫生，检查房间设备设施确保完好有效 3. 将鲜花、水果和欢迎卡或其相应物品配备好送入房间
检查房间	1. 由前厅主管、客房主管与楼层领班一起亲自检查 VIP 客人房间的准备情况 2. 必要时房务经理或总监亲自参与检查
办理入店手续	1. 以客人姓名和职务称呼客人，及时通知客务经理亲自迎接 2. 客务经理向客人介绍饭店设施，并亲自将客人送至房间
信息储存	1. 前厅主管负责将 VIP 客人的相关资料进行存档 2. 将接待中 VIP 客人的意见和建议作好记录并汇报部门经理

🔍 服务提示

1. 前厅主管等待 VIP 客人的到店并随时与有关部门、岗位保持联系，提前 10 分钟通知饭店相关管理人员到场，提前 15 分钟通知客房打开房门，调节好灯光和空调。

2. VIP 客人到店时，迎宾和饭店领导或房务经理及总监、前厅部主管亲自到大门进行迎接，迎候时最高职位管理人员上前致问候语。

3. 目前有条件的高星级酒店会亲自在房间里进行入住登记。

四、房价构成与收费方式

收费方式	具体含义
欧洲式	所交费中只有房费，不包含任何餐费的收费方式
美国式	所交费中除了房费，还包含了一日三餐的费用
修正美式	所交费中不仅包含了房费，还包含一顿早餐和一顿午餐或晚餐的费用
欧洲大陆式	所交费中除了房费，还包含了一顿欧式早餐的费用
百慕大式	所交费中除了房费，还包含了一顿美式早餐的费用

五、房价种类

房价类型	具体含义
标准价	饭店价目表上明码标注的各类客房的现行价格,不包含任何服务费和折扣
团队价	饭店为了和旅行社建立长期良好的业务关系,确保饭店长期稳定的客源,以提高房间利用率,专门针对旅行社团队客人的折扣价格
商务合同价	饭店与相关公司或者机构签订合同,并按合同规定向对方的客人以优惠价格出租客房
旺季价	营业旺季,饭店将房价在原有标准价的基础上上浮一定的百分比,以提高客房的经济效益而执行的价格
淡季价	营业淡季,饭店将房价在原有标准价的基础上下调一定的百分比以吸引客源而执行的价格
白天租用价	饭店收取半天房费或者按小时收费

实训活动

活动1:散客入住单填写

临时住宿登记表

姓名:	性别:		国籍/籍贯:
证件名称:	证件号码:		出生日期:
房号:	地址:		到达日期:
每日房价:	协议单位:		离店日期:
付款方式: 　　现金□　　信用卡□　　签单□　　其他□			
退房时间:14:00			
要求	1. 本人登记住宿:一证不能登记多个房间,同一个房间多人住宿需全部登记。使用有效证件如实填写个人信息。 2. 本饭店对客人在饭店内遗失金钱、珠宝及贵重物品一概不负责任。贵重物品请主动寄存在前台。 3. 凌晨05:00点前登记入店与前一天到达等同。 4. 若非本店责任或要求,14:00后退房,将加收半日房费。		
备注:			联系电话:
住客签名:		接待员签名:	

活动2：团队客人入住单填写

团队名称：　　　　　　　　　团队领队：　　　　　　　　　联系电话：

姓　名	性　别	证件号码	房　号	职　业

抵店时间：　　　　　　　　　　　　　　　　　接待员签字：
离店时间：

活动3：散客入住登记情景模拟

训练项目	散客入住登记
训练目的	1. 散客入住登记程序 2. 能根据散客入住登记程序熟练地为客人办理入住登记手续
训练准备	1. 散客入住登记单 2. 编写情景对话 3. 把学生分组
训练方法	情景模拟练习
训练要求	1. 识别客人有无预订 2. 请客人出示有效证件 3. 填写 RC 单请客人签名 4. 询问客人的预付方式 5. 制作房卡 6. 祝客人入住愉快
训练步骤	1. 学生观看视频 2. 教师先讲解示范 3. 电话情景对话练习，学生两人一组，分别扮演接待员和客人进行模拟练习 4. 请部分学生上台表演 5. 学生观看并相互点评 6. 教师指导纠正

🔍 服务提示

1. 主动、热情地问候客人，面带微笑，与客人进行目光交流关注客人。

2. 在总台要有向前走动迎接的姿态，对熟客必须尊称客人的姓氏。

3. 问清楚客人的需求，准确领悟客人的意思后进行操作。

4.与客人沟通时要使用标准规范的饭店服务用语和业务专用语,做到语言准确、文明、言简意赅,嗓音清楚,语调温和。

5.需要客人有效证件登记时,要说"对不起,我借用一下您的证件",严禁说"请出示证件"。

6.与客人递接物品时必须使用标准的手势,严禁将物品直接放在总台上让客人自己取,应双手递接,严禁笔尖朝对客人。

7.按要求规范填写相应的单据,并请客人签名确认。

8.准确写好房卡和房卡袋,按要求放好房卡(房卡芯片向上向里,严禁倒插房卡)。

9.证件、押金单、房卡等核实无误后一并递交给客人。

10.必须告诉客人用早餐的时间、地点和用餐方式。

11.必须祝客人"住店愉快/晚安"。

展示与评价

入住登记鉴定表

姓名＿＿＿＿＿＿＿＿　　　　组别＿＿＿＿＿＿＿＿　　　　时间＿＿＿＿＿＿＿＿

序　号	考核内容	分　值	自　评	教师评
1	仪容仪表规范,主动问候客人	5		
2	询问客人是否有预订,并介绍房间	10		
3	与客人核对预订的内容	10		
4	请客人出示有效证件并巧妙查验、描证保存	5		
5	按要求办理入住,并按规范填写 RC 单	10		
6	询问客人预付方式,并按规定收取客人房费押金	10		
7	将订金收据、RC 单一起交给客人签字确认	10		
8	将房卡、定金收据客人联和客人证件一起,双手递交给客人	10		
9	将客人的相关信息迅速输入电脑和 PBS 系统,确保完整和正确	10		
10	整个操作过程语言规范得体,语调柔和,表情和蔼可亲,姿态优美,手势标准	10		
11	积极主动地参与了本次活动的完成	5		
12	在本次活动中与同伴有很好的合作	5		

案例学习

<h2 style="text-align:center">开房之后</h2>

某晚八时,总台开重房。将刚出租的 1012 房间又安排给了住店的韩国华侨客人王先生,客人进房后没有发现已有人入住,将行李放下,大衣挂在衣橱内去餐厅用餐。总台发现开重房后没有及时汇报,在餐厅找到了王先生,将他的房间换至 1610,并答应客人由行李员帮客人把行李拿至 1610 房间。行李员只拿了客人的行李,却将大衣留在了 1012 房间,待第二天中午客人离店时发现大衣不见了,再去 1012 房间寻找时已没有,原 1012 房间的客人也已离店。客人认为是饭店排房和换房的两次失误造成了大衣的遗失,向饭店投诉要求给予赔偿。

案例思考

1. 前台为什么会开重房?有什么措施可以避免?
2. 发现开重房后应该如何有效处理?

案例评析

客人反映属实。开重房本是接待员不该犯的错误,而在发现开重房后,只让行李员一人至房间搬运客人行李,也属程序错误,因行李员根本无法辨别房间内行李是属于哪一位客人的。事后总台又未执行与客人确认行李的程序,故此事由接待员负完全责任。赔偿客人物品遗失费用的 1000 元由该开重房的接待员承担。从本案例中应吸取的教训是:饭店员工在对客服务时应严按照程序操作,并站在客人的角度,想客人所想,提供细心、周到的优质服务。

常见问题的处理

学习目标

1. 能按流程规范地为客人提供换房服务；

2. 会为住店客人提供续房服务；

3. 能妥善处理重房事故；

4. 能正确处理客人的异常行为。

学习准备

1. 教师课前布置任务,让学生思考客人换房的原因；

2. 教师利用多媒体课件向学生展示换续房单；

3. 把学生分成 2~4 人一组的学习小组；

4. 让学生课前上网查询总台都有哪些常见的问题。

相关知识

一、换房的处理

（一）换房的原因

1. 住客主动提出换房

住客可能因为客房所处位置、价格、大小、类型、噪声、舒适程度以及所处楼层、朝向、人数变化、客房设施设备出现故障等而要求换房。

2. 饭店要求客人换房

饭店可能因为客房的维修保养、住客延期离店、为团队客人、会议客人集中排房要求客人换房。

无论是何种原因换房,饭店都要处理好和客人的关系,如果属于饭店的设施出现故障或者超额预订的原因要求客人换房,容易使客人产生抱怨情绪,饭店应向客人表示歉意,耐心做好解释工作,求得客人的谅解与合作,必要时可以让客人升级入住规格较高的客房。

（二）不同种类换房的处理程序和要求

1. 客人亲自来总台

程　序	操作要求及标准
了解客人换房、续房的原因	1. 热情礼貌地问候客人 2. 问清客人的房号并在电脑上核实
确定换房时间和所换客房	1. 向客人介绍调换房间的情况 2. 确定需要换房的具体时间
填写"换、续房通知单"	1. 将客人的房价是否变动和续房天数与客人进行确认 2. 写明换房理由，请主管或大堂副理签字确认 3. 将"换、续房通知单"送至客房服务中心签收
更改、修订原有资料	1. 再次检查电脑里登记的客人的房价 2. 再次明确客人的离店时间
信息记录存储	将更改的信息重新记录存储
重新续制房卡	1. 将客人的原房卡作废 2. 重新为客人制作新的房卡
祝客人愉快、晚安等	1. 如果是饭店原因换房，请客人谅解 2. 向客人表示祝福

2. 客人刚入住不久，打电话或到总台要求换房

程　序	操作要求及标准
询问客人要求换房原因	1. 仔细询问客人要求换房的原因 2. 尽量与客人协商处理
查看饭店房源	1. 在电脑里寻找一间能达到客人要求的房间 2. 告知客人调换房间的房号 3. 告知客人换房的具体的时间
填写"换房通知单"	1. 征询客人同意后为客人填写"换房通知单" 2. 请客人在通知单上签字
通知房务中心	1. 通知房务中心调换房房号 2. 请房务中心查原房间退房

3. 客人住很长时间要求换房

程　序	操作要求及标准
了解客人换房原因	仔细询问客人换房的原因

程　序	操作要求及标准
客人自身原因要求换房	1. 告知客人饭店相关制度,会加收一定费用 2. 注意语言要娓婉
饭店原因要求换房	1. 由主管或大堂副理根据具体情况处理 2. 服务员决不能自作主张为客人换房

4. 客人委托饭店代换房处理

程　序	操作要求及标准
客人提出申请	请客人填写换房委托代办书
收回原房卡	收回客人原房间房卡,并将原房卡进行注销处理
为客人换房	由前厅大堂副理及主管和客房服务员一起亲自为客人换房
信息记录存储	总台将换房信息记录清楚

服务提示

1. 非饭店的原因换、续房

(1)必须在 12:00 前办理完毕。

(2)如客人有事要出去,可告之客人 12:00—18:00 换房饭店将加收半日房费。

(3)超过 18:00 换房则加收全日房费。

(4)请客人注意时间,并留下客人的联系方式。

2. 如果因饭店设备设施故障等原因换房

(1)首先向客人道歉。

(2)挑选最近的同类型房间为客人换房。

(3)必要时请楼层服务员检查该房间或让客人先参观该房间。

(4)为客人办理换房的同时征询客人意见是否需要行李服务。

(5)如果客人需要行李服务,除非经客人授权,否则应坚持两人以上在场。

3. 凡换房均需要主管级以上管理人员在换房单上签字确认。

案例学习

换房客人的衣物

在广州某饭店客房部,实习生小王正在整理昨天才入住的一位客人的房间,发现房间内没有客人的行李,也不见客人的其他个人物品。他感到很奇怪。经过仔细查找,在抽屉里发现了客人几件衣服。小王对此情景感到疑惑,立即向前台查询,询问此间房的客人是否已退房,并向文员通报了客人有失物的房间,让文员做好记录,以备客人查询,而后在工作表上详细记录,注明时间及发生的事情。经前台查询,得知此房客人入住饭店的第二天一早就换房去了其他楼层。在前台通知客人领取自己的衣物时,客人还没发觉丢失了衣物。由于小王良好的工作态度,避免了事故的发生,受到客人的表扬和店方的奖励。

案例思考

1. 实习生小王在打扫一个昨天才入住的客人房间时,发现该房间没有了行李,但却又在抽屉里发现了几件衣物时采取了什么措施?

2. 本案例涉及的两个服务程序是什么?

案例评析

(1)入住饭店的客人,常会因故转换房间。由于客人感觉不是离店,所以在收拾个人物品时就容易粗心大意,一些不立即使用的物品有时会遗留在原来的房间里,往往不易很快察觉。本案例中的客人就属此类情况。

(2)当客人转换房间后,房间经过整理,就可再出租。若转换房间客人的遗留物品未被服务员发现,那么原住客一旦发现自己有物品遗失在原房间,再想从有新入住客人的客房中取回物品,必然会费一番周折,与新房客协商、解释,弄不好还会引起纠纷,这是十分棘手的问题。所以,服务员在整理房间时,一定要按规定程序进行操作,既要做好清洁卫生,又要仔细检查房间设备用品的定位、定量情况,以及是否有客人的遗留物品。一旦发现客人遗留物品,必须立即清点上报有关部门主管,由客房部妥善保管,及时通知转换房间的客人领回。当事服务员还应在工作表上详细记录,这是处理转换房间客人遗留物品的规范程序。

(3)此案例中的实习生小王,工作非常认真,发现问题能认真思考,并从客人刚入住就不见行李的现象中分析出可能是客人转换房间或退房,然后严格按规定程序处理客人遗留衣物。由于问题发现及时、处理妥当,使转换房间的客人及时取回了自己遗忘的衣物,既避免了新客人入住后再为原住客人寻找衣物的一系列麻烦,又避免了一次事故的发生。小王认真、细致、负责的工作态度值得推广。

二、续房的处理

客人在住店的过程中因情况发生变化要推迟离店或客人到达楼层时才发现原房卡失效要求续房,接待员应根据饭店房源情况决定是否能满足客人的要求为客人续房,若饭店用房紧张不能满足客人的要求,要向客人解释并设法为其联系其他的住处,求得客人的谅解与合作。如可以满足客人要求,则应按规范程序为客人办理续房。

程　序	操作要求及标准
制作新的房卡	按客人要求续房卡
填写续房单和预收收据	1.填写续房单 2.填写预收收据
送新的房卡给客人	1.核实客人身份 2.请客人报姓名、身份证号或出生日期
请客人签字	请客人在续房单上签字
补缴预付款	1.请客人补缴预付款 2.注意现金的真伪
收回原失效房卡	将原有的房卡收回注销

三、重房的处理

客人在抵店入住的时候发现自己的房间已经有人住了,这一现象被称为"重房",发生这样的状况是前厅部工作的重大失误,饭店应该怎么样避免这种情况的发生以及发生了应该如何处理才能消除客人的烦恼?

程　序	操作要求及标准
向客人道歉	1.诚恳地向客人道歉 2.承认是饭店工作的疏忽
为客人重新安排房间	1.将客人引到大堂入座,请客人稍候 2.为客人送上一杯免费饮料 3.重新为客人安排房间
引领客人到房间	1.接待员亲自引领客人到房间 2.请客人谅解 3.祝客人住店愉快
查找重房的原因	1.寻找房态发生错误的原因 2.与客房部联系采取措施加以纠正

四、客人带走房间里的物品的处理

客人带走房间里的物品是饭店时常发生的事情,如何巧妙处理此类事情是前厅管理人员应具备的一项基本技能。在处理的过程中既不能让客人难堪,得罪客人,又不能让饭店遭受损失。

程　序	操作要求及标准
请客人提供线索	1. 请客人到大厅一侧小声询问客人 2. 告知客人所住房间有饭店物品丢失 3. 请客人帮忙寻找
给客人台阶	1. 给客人暗示是否把物品带出了房间 2. 是否把物品放错了地方
向客人说明饭店的管理制度	1. 如果客人不承认,应耐心向客人说明,房间里哪些是非纪念品,是不能带走的,哪些是一次性消耗品,是可以带走的 2. 如果客人实在喜欢,可以联系帮忙购买

服务提示

1. 切忌草率要求客人打开箱子检查以免使客人感到尴尬,伤了客人的自尊;
2. 千万不可与客人争气斗理,只有保全客人的面子,问题才能解决;
3. 记住客人永远是对的,要把"对"让给客人,把"错"留给自己。

案例学习

客房的浴巾不见了

大堂副理在总台收银处找到刚结账的客人,礼貌地请他到大堂一侧,小声地对他说:"王先生,您好,服务员在收拾房间时发现您的房间少了一条浴巾,请您回忆一下,是否有您的亲朋好友来过,顺便带走了。"大堂副理为了照顾客人的面子,减少尴尬,于是给了王先生第一个台阶。可是王先生却说:"我住店期间根本没有亲朋好友来过。"大堂副理再次给客人台阶,于是说:"你是不是把浴巾带出浴室放错了地方?"放在自己的包里也是放错地方,可是王先生还是不理解大堂副理给他的台阶,说"没有啊"。这时大堂副理干脆就给他一个暗示说:"从前我们也有过类似的情况,客人洗浴完以后把浴巾随意地丢在了沙发的后面或者放在床上被被子盖住了,麻烦您上楼看看浴巾是不是被毯子或者被子盖住了。"这时客人才理解了大堂副理给他的第三个台阶,于是拎着箱子上楼了。一会儿客人从楼上下来,见了大堂副理还故意生气地说:"哼,你们的服务员检查房间也太不仔细了,浴巾明明在沙发后面嘛"。大堂副理听客人这么说,知道客人已经把浴巾拿出来了,于是意味深长地对客人说:"对不起,打扰您了,谢谢您的合作。"为了使客人尽快从羞愧中解脱出来,大堂副理很真诚地对客人说:"祝您旅途愉快,您下次来北京,欢迎再度光临我们饭店。"

案例评析

这是把"对"让给客人很典型的一个例子。客人拿出了浴巾却没有让客人丢面子,本例中的大堂副理站在客人的立场上,维护了客人的尊严,把"对"让给客人,把"错"留给饭店,巧妙地给客人一个又一个台阶,终于使客人理解了饭店的诚意和大堂副理的好意而拿出了浴巾,使客人体面地离开饭店,同时又避免了饭店的损失。这位大堂副理用心之良苦,态度之真诚,处理问题之巧妙,令人折服,在处理问题时真正体现了"客人永远是对的"的服务理念。

实训活动

教师呈现多个案例让学生分组讨论,并将讨论结果进行展示。

活动1:客人不喜欢房间

行李员引领客人张女士到507房间,张女士进入房间,说不喜欢这间朝西的客房,要求调换房间。运用所学知识进行处理。

活动2:客房的空调遥控器不见了

服务员小王在查房时发现1012房间的空调遥控器不见了,而住在1012房间的客人张先生此时正在大堂办理结账离店手续,服务员小王将此事报告给了大堂副理,如果你是大堂副理,你将如何处理此事?

活动3:王先生的房间被别人住了

王先生入住阳光饭店1206房间,当王先生来到房间时却发现此房间已经住进了一位张女士,王先生很生气,找到接待员小李,你认为接待员小李应该怎样处理此事?

训练项目	接待中常见的问题
训练目的	1. 会根据所学习知识分析案例 2. 能恰当处理案例中发生的事情 3. 培养学生分析问题、解决问题的能力
训练准备	1. 把学生分成小组 2. 让学生自己上网寻找案例 3. 教师统一呈现案例
训练方法	1. 分组讨论 2. 情景模拟练习
训练要求	1. 主动向客人问好 2. 认真倾听客人的述说 3. 向客人道歉 4. 尊重客人,把"对"让给客人 5. 及时妥善处理案例中发生的事情
训练步骤	1. 教师呈现案例(1)、(2)…… 2. 学生分组讨论 3. 请小组代表发言 4. 教师总结归纳

活动4:换/续房单的填写

宾客房态变更通知单

□房价变更　　　　□半日租

□延房　　　　　　□换房　　　　　　□加床

客名变动:	房号:		变更日期及时间	
房号变动	从原房号		到现房号	
房价变动	住店日期		变更期限	自　　　至
	原每日房价		现每日房价	
半日租	每日房价		今日房费	
延　房	由		延迟至	
加　床	使用日期		价　格	
客人签名			确认人	
备　注			接待员	

展示与评价

姓名_____　　组别_____　　时间_____

序　号	考核内容	分　值	自　评	教师评
1	按要求完成换/续房单的填写	10		
2	能为客人提供换房服务	10		
3	能为客人提供续房服务	15		
4	能处理重房现象	15		
5	能处理总台接待中常见的简单问题	20		
6	整个操作过程中语言规范得体,语调柔和,表情和蔼可亲,姿态优美,手势标准	10		
7	积极主动地参与了本次活动的完成	10		
8	在本次活动中与同伴有很好的合作	10		

退房结账

学习目标

1. 熟悉退房结账程序；
2. 会使用饭店操作系统为客人办理离店手续；
3. 熟悉客人用支票、现金、信用卡离店结账的方法；
4. 能对退房中的特殊情况进行处理。

学习准备

1. 教师利用多媒体视频向学生展示退房结账的操作过程；
2. 把学生分成 2～4 人一组的学习小组。

相关知识

　　为客人办理退房结账手续是客人离店前所接受的最后一项服务，为了给客人留下良好的最后印象，服务员应具备娴熟的业务技能，快速准确地为客人办理离店手续，结账服务一般要求在两三分钟内完成。

一、散客结账服务程序

程　序	操作要求及标准
问候客人	1. 向客人问好,问清房号,确认房号 2. 确认退房后向客人收回房卡
报退房	1. 报客房服务中心××房间退房 2. 进行查房退房登记
收回预收单据	1. 收回预收收据 2. 核对收回客人的预收收据单号、金额 3. 核对单据张数、开单时间
核对信用卡	1. 如果是信用卡,核对信用卡号 2. 核对信用卡客人姓名、性别、身份证号
核对账单	1. 取出客人账单,核对客人消费项目 2. 核对消费金额是否正确(包括房费、餐费、洗衣费、电话费、赔偿费等其他消费金额)
打印账单	1. 询问客人有无其他消费,待房务中心查房 OK 后结账 2. 打印账单,请客人核对账单 3. 客人确认消费金额后在结账单上签字
为客人开发票	根据客人的要求和饭店的财务制度为客人准确开具住宿发票
为客人正确找补	1. 为客人正确找补或准确为客人做信用卡消费处理 2. 请持卡人在信用卡消费单上签名,同时签上操作员的姓名 3. 把账单客人联及信用卡回联、找补现金一起交给客人
送别客人	1. 祝客人旅途愉快,欢迎客人再次光临 2. 整理好自己的单据,并做好为下一位客人服务的准备 3. 在 PBS 系统上作退房处理

二、团队客人结账程序

程　序	操作要求和标准
结账前的准备	1. 团队结账前半小时做好准备工作 2. 核对团队的名称、团号 3. 核对团队客人每天的房租、餐费 4. 结出总账和分类账
向客人问好	1. 热情主动地向前来结账的团队领队或陪同问好 2. 向团队客人问好

程　序	操作要求和标准
打印账单	1. 打印团队账单，请团队陪同在账单上签字 2. 在账单上注明团队陪同所代表的旅行社，以便与旅行社结账
为有分账户的客人 打印账单收据	1. 需要客人自付的费用由客人现金支付，如洗衣费、电话费、房内酒水消费等费用 2. 为客人打印账单收据
道　别	1. 向客人表示感谢 2. 祝旅途愉快

🔍 服务提示

1. 问候客人的时候尽可能称呼客人姓氏。

2. 确认房号的时候要求在写卡机上读出房号，因有时客人可能报错房号。

3. 客人退房时一定要在电脑上核查房号，确保准确并且及时报客房服务中心××退房。

4. 退房时一定要读房卡信息或者核对入住客人的相关信息（根据入住时间和客人姓名、押金单编号确认准确）。

5. 在结账前一定要仔细核对，严防漏结账、错结账，特别是离店未结账中相同房号的房间一定要确定是哪一间房要结账，严格按照操作程序操作，避免出错以引起客人投诉。

6. 为客人准确结账，打印账单，并请客人确认消费账单，准确为客人找补（为客人找补的钱不能脏污和有缺损的钱）。

7. 收银时要求唱收唱付。

8. 客人离店时要与客人告别："祝客人旅途愉快/欢迎再次光临！"

实训活动

为一般散客办理退房结账

训练项目	散客退房结账
训练目的	1. 熟悉散客退房结账程序 2. 能根据散客退房结账程序熟练地为客人办理退房结账手续
训练准备	1. 散客退房结账登记单 2. 编写情景对话 3. 把学生分组
训练方法	情景模拟练习

073

续表

训练要求	1. 向客人问好,报客房中心退房 2. 收回房卡和预收收据 3. 核对预收单据、信用卡、账单 4. 询问客人有无其他消费 5. 打印账单,请客人核对账单 6. 请客人在结账单上签字 7. 为客人找补 8. 祝客人旅途愉快
训练步骤	1. 学生观看视频 2. 教师先讲解示范 3. 学生两人一组,分别扮演接待员和客人进行情景模拟练习 4. 请部分学生上台表演 5. 学生观看并相互点评 6. 教师指导纠正

展示与评价

退房结账鉴定表

姓名_____   组别_____   时间_____

序　号	考核内容	分　值	自　评	教师评
1	向客人问好,询问客人是否退房	10		
2	报客房中心退房	10		
3	收回房卡和预收收据	10		
4	询问客人有无其他消费	10		
5	打印账单,请客人核对并签字	10		
6	为客人找补	10		
7	祝客人旅途愉快	10		
8	整个操作过程语言规范得体,语调柔和,表情和蔼可亲,姿态优美,手势标准	10		
9	积极主动地参与了本次活动的完成	10		
10	在本次活动中与同伴有很好的合作	10		

案例学习

报错房号退错房

总台接待员小李见到常客金先生拎着一个包向总台急匆匆地走来,便迎上前去笑吟吟地打了声招呼。金先生点了点头立即说道:"我要离开台州两天,过两天还要回来住,我还有押金在你们这里,你先把我现在这个房间退了,但先不要结账,我住6016房间。"说完递过他的门卡。"没问题,您放心吧,您回来后还要住原来的房间吗?"小李接过房卡,关心地问道。"随便"金先生说完就急匆匆地掉头而去。

小李目送高先生走后,立即通知房务中心说6016房间退房。没过多久,楼层服务员打来电话称6016房间还有不少行李。小李想,也许金先生过两天还要回来,所以没有把行李全部提走吧,于是她通知行李员将6016房间的行李搬下来,暂存行李房。

当天下午约3点,一位客人来到总台反映所住6016房间房卡不灵,打不开客房门进不了房间。仍在当班的小李心里一惊:"又是一个'6016'!上午9点时金先生不是退房了吗?"小李接过这位客人的房卡经过复读还原,确认是6016房间的房卡。小李似乎明白了一切,再细查资料,果然金先生住的是5016。金先生离开时将房号报错,才导致如此结果。于是小李赶忙向客人作了解释,并表示道歉,同时立即叫行李员赶紧将行李再搬回6016房间。

为了稳住客人情绪,小李对客人说:"行李员正在将您的行李搬回房间,大堂副理请你到咖啡厅喝杯咖啡,你也好好休息一下,您看可以吧?"客人淡淡一笑,不再说什么。当大堂副理将真正的6016房间的客人请到咖啡厅后,小李终于舒了一口气。

案例思考

1. 小李接到金先生的退房卡时应该如何做?
2. 大堂副理的处理技巧有哪些?

案例评析

小李失误的教训是,对既定的操作规范随意"偷工减料",把本该有的环节省略掉,在接过金先生房卡时未加以复读确认。

范例参考

入住登记情景对话

接待员:您好,请问您有预订吗?

客　人:是的,我在你们饭店订了房间。

接待员:先生,请问您贵姓?

客　人:免贵姓杨,杨俊。

接待员:(接待员迅速查看电脑)是的,杨俊先生,您订了一间商务套房。

客　人：是的。

接待员：杨先生，请借用一下您的身份证，我帮您办理入住登记手续。

客　人：好的，给你（客人把身份证递给接待员）。

接待员：谢谢（接待员查验证件并填写入住登记表）！杨先生，请在这里签名。

客　人：好的（客人在登记表上签名）！

接待员：杨先生，请问您是现金结账吗？

客　人：是的。

接待员：杨先生，请预缴押金。

客　人：好的，给你。

接待员：谢谢（接待员制作房卡）！这是您的房卡，您的房间在 15 楼，电梯在那边（接待员规范指引电梯方向）。祝您住店愉快！

【鉴定练习】

一、填空题

1. 西方客人忌讳数字"＿＿＿＿＿＿＿＿"，沿海一代的客人忌讳带"＿＿＿＿＿＿＿＿"的数字。

2. 排房时应尽量将团队客人或会议客人安排在＿＿＿＿＿＿＿＿＿＿＿或＿＿＿＿＿＿＿＿＿＿＿＿＿＿＿。

3. 内外宾有着不同的生活习惯和语言习惯，安排房间时应尽量将内宾和外宾安排在＿＿＿＿＿＿＿＿＿＿＿＿＿＿＿。

4. 若属于饭店原因要求客人换房，客人产生抱怨情绪时，可让客人＿＿＿＿＿＿＿＿＿＿＿＿＿＿＿＿＿＿的客房。

5. 退房时一定要核对＿＿＿＿＿＿＿＿＿＿＿＿信息或者核对＿＿＿＿＿＿＿＿＿＿的相关信息。

6. 收银时要求＿＿＿＿＿＿＿＿＿＿＿＿＿＿＿。

7. 老年人和带小孩的客人要尽量安排在＿＿＿＿＿＿＿＿＿＿＿＿＿＿＿的房间。

8. 饭店价格表上明码标注的各类客房的现行价格叫＿＿＿＿＿＿＿＿＿＿＿＿。

二、选择题

1. 办理退房结账手续是客人离店前的最后一项服务，应给客人留下良好的印象，结账服务一般要求在（　　）分钟内完成。

    A. 1　　　　　　　　B. 3　　　　　　　　C. 5　　　　　　　　D. 6

2. 换房的第一个程序是( )。

    A. 弄清换房原因   B. 确定换房时间

    C. 填写换房通知单   D. 介绍所换房间

3. 入住登记表一般一式( )。

    A. 2 联   B. 3 联   C. 4 联   D. 1 联

4. 排房时首先应该为( )客人排房。

    A. 团队客人   B. 已付订金的客人

    C. 要求延期离店的客人   D. 无预订的散客

三、判断题

1. 距离 3 米远处与客人目光交流,并亲切问候客人,询问客人是否需要帮助。 ( )

2. 不要将敌对国家的客人安排在同一楼层或相近的房间。 ( )

3. 问候客人的时候尽可能称呼客人姓氏。 ( )

四、连线题

1. 把相对应的用线连起来。

欧洲式   又称全费用计价方式

美国式   包括房费、早餐和一顿午餐或晚餐

修正美式   包括房费及欧陆式早餐

欧洲大陆式   包括房费及美式早餐

百幕大式   只包含房费

2. 请将房态和对应的英文缩写连线。

住客房   C/O

走客房   OCC

维修房   OOO

请勿打扰房   VD

已清扫房   DND

未清扫房   VC

贵宾房   MUR

请即打扫房   VIP

项目4
礼宾服务

　　礼宾服务是现代饭店对客服务中的一种新概念,它把迎送宾客服务和行李服务合为一体,并作出具体分工。按照服务程序标准化要求对上述两项服务作合理分工,突出宾客应享受的礼宾待遇。它较过去传统的行李服务更能体现饭店与宾客之间的关系,拓宽了对客服务的内容。

　　礼宾部是饭店前台的"门面",代表饭店迎送每一位客人,其工作渗透于其他各项服务之中,缺少这项工作,将会直接影响饭店内部沟通以及饭店的对外形象和声誉,礼宾部的工作人员在客人心目中常被视为"饭店代表",其服务态度、工作效率和质量都会给饭店的经济效益带来直接的影响。本项目包含了迎送客服务、行李服务和金钥匙服务三个工作任务,通过本项目的学习,使学生能够为宾客提供规范的礼宾服务。

项目目标

　　1. 熟悉散客与团队客人行李服务的程序及标准。

　　2. 能够为散客和团队客人提供行李服务。

　　3. 能按饭店要求规范地迎接客人和送别客人。

　　4. 能认识"金钥匙"服务的内涵。

任务 1

迎送客服务

学习目标

1. 熟悉迎送客服务的程序；

2. 能按照迎送客标准规范进行迎送客服务；

3. 能描述门厅 VIP 的服务程序。

学习准备

1. 课前让学生自行到当地星级饭店观看迎送客服务；

2. 组织学生观看迎送客服务视频；

3. 将学生进行分组；

4. 按饭店要求规范学生仪容仪表。

相关知识

前厅是每个客人下榻饭店的最先接触点,它直接关系到客人对饭店的满意程度和对饭店的"第一印象"。门厅迎送服务是前厅部提供的一种面对面的服务,主要由门厅迎宾员负责(亦称门卫或门童)。迎宾员是代表饭店在大门口迎送客人的专门人员。

一、迎客服务程序

程　序	操作要求和标准
问候客人并致欢迎语	1. 客人到店时,迎宾员向客人致意 2. 向客人问候:您好,欢迎光临
协助客人停车	迎宾员将车辆引导至适当的地方停下
协助客人下车	1. 为客人开车门 2. 左手开车门,右手挡在车门的上沿,为客人"护顶",防止客人碰伤头部
协助客人卸下行李	1. 协助行李员帮客人卸下行李 2. 和客人一起清点行李件数,看有没有遗漏
引领客人进入大厅	招呼行李员引领客人进入饭店大厅

服务提示

1. 开门时原则上是先女宾后男宾,先外宾后内宾,先老人后小孩。

2. 切记遇有信奉佛教和伊斯兰教的客人,则无须为其护顶。

3. 若遇下雨天,应为客人提供撑雨伞服务,并礼貌暗示客人擦净鞋底以后再进入大堂。

二、送客服务程序

(1)客人离店时,门童将客人的车引导至便于客人上车的位置。

(2)协助行李员将行李装好,并请客人清点、检查。

(3)请客人上车,为客人护顶。关车门时,注意不要夹住客人的衣、裙等。

(4)站在汽车斜前方 0.8~1 米的位置,向客人挥手道别,目送客人离开。

三、门厅 VIP 客人迎送服务

门厅 VIP 客人迎送是饭店给下榻的 VIP 客人的一种礼遇。迎宾员应根据预订处发出的接待通知,做好充分的准备。

(1)根据需要,负责升降某国国旗、中国国旗、店旗等。

(2)负责维持大门口秩序,协助做好安全保卫工作。

(3)正确引导、疏通车辆,确保大门前交通顺畅。

(4)讲究服务规格,并准确使用 VIP 客人姓名或头衔向其问候。

实训活动

实训项目	迎送客服务
实训目的	能够规范地进行迎送客服务
实训方法	情景模拟
实训要求	1.以规范的仪容仪表迎送客人 2.主动问候客人 3.规范地为客人开车门、护顶 4.礼貌地与客人道别 5.能为不同类型的客人提供迎送客服务 6.养成团队协作、沟通交流等职业素养
实训步骤	1.老师示范、讲解 2.学生进行分组练习 3.分组训练 4.选几组学生进行表演 5.学生互评 6.教师评价

展示与评价

姓名＿＿＿＿＿＿＿＿＿　　组别＿＿＿＿＿＿＿＿＿　　时间＿＿＿＿＿＿＿＿＿

序　号	项　目	分　值	自　评	教师评
1	仪容仪表	10		
2	仪态	10		
3	问候客人	15		
4	开车门	15		
5	护顶	15		
6	引领客人至前台	15		
7	与客人道别	10		
8	团队协作能力	10		
总　分		100		

任务 2

行李服务

学习目标

1. 熟悉行李服务的相关要求；
2. 能按行李服务的程序与标准规范地为散客提供行李服务；
3. 能按行李服务的程序与标准规范地为团队客人提供行李服务；
4. 能规范地为客人提供行李的寄存与提取服务。

学习准备

1. 学生利用周末的时间到当地星级饭店去参观、学习行李服务；
2. 将学生进行分组；
3. 学生进行仪容仪表的准备；
4. 学生将行李车、行李箱等物品准备好。

相关知识

行李服务是前厅部向客人提供的一项重要服务，主要是向客人提供行李搬运、寄存和提取服务。饭店的行李服务主要是由前厅部的行李员完成，其工作岗位是位于饭店大堂一侧的礼宾部（行李处）。礼宾部主管在此指挥、调度行李服务及其他大厅服务。每天早上一上班，礼宾部的主管就要从计算机中查询或认真阅读、分析由预订处送来的预计"当日抵店客人名单"和"当日离店客人名单"，以便掌握当日客人的抵、离店情况，做好相关工作的安排。特别要掌握重要客人和团队客人的抵、离店情况，以便做好充分的准备。

一、行李员服务要求

为了做好行李服务工作，要求行李员掌握一定的知识、技能，了解店内外的诸多信息。

（1）掌握饭店服务和管理基础知识；

（2）了解店内外诸多服务信息；

（3）具备良好的职业道德，诚实、责任心强；

（4）性格活泼开朗，思维敏捷；

（5）熟知礼宾部、行李员的工作程序及操作规则、标准；

（6）熟悉饭店内各条路径及相关部门位置；

（7）吃苦耐劳，能做到眼勤、嘴勤、手勤、腿勤；

（8）善于与人交往，和蔼可亲；

（9）掌握饭店内餐饮、客房、娱乐等各项服务内容、服务时间、服务场所及其他相关信息；

（10）掌握饭店所在地的名胜古迹、旅游景点及购物场所的信息。

二、行李服务程序与标准

（一）散客抵店行李服务程序与标准

程　序	操作要求和标准
欢迎问候	行李员主动向客人问好，表示欢迎
卸运行李	1. 帮助客人从车上卸下行李 2. 检查车内是否有遗漏物品及行李的完好程度 3. 同客人一起将行李搬运到大堂

续表

程 序	操作要求和标准
引至总台	1.行李员引领客人时,在客人的左前方,距离二三步的位置 2.步伐节奏应尽量与客人保持一致 3.不时用手示意前进的方向,并在适当的时刻介绍饭店的相关情况
等候登记	1.将客人引领至总台,请客人进行登记 2.在客人办理入住登记手续时,行李员应站在总台一侧看管行李,等候客人登记
乘坐电梯	1.行李员主动叫梯,请客人先进入电梯 2.将行李拿入电梯中,站在电梯的右侧,并按梯钮,键入楼层号 3.电梯行至所需楼层时,请客人先走出电梯
引领进房	1.客人办完入住登记手续后由行李员引领去客房 2.到客房门口时,行李员先敲门并通报,待确认无人回答后,方可用钥匙开门进入 3.开门后,应先开总开关,确认是可售房后,再请客人进入房间 4.将行李放在行李架上
介绍房间	1.向客人介绍饭店的布局、通道、服务项目、服务电话等信息 2.向客人介绍房间内的设施设备及其使用方法
离房填表	1.在离开房间前,应询问客人是否还需要其他服务 2.如客人无其他要求则向客人道别,退出房间,轻轻地把门关上 3.返回行李部后,应及时填写"散客抵店行李记录表"

🔍 **服务提示**

1.清点并检查行李后,根据行李的多少,决定手提还是使用行李车。

2.搬运行李时,客人的贵重物品、易碎物品等,应让客人自己保管。

3.装行李时,应注意将大件、硬件、重件物品放在下面,小件、软件、轻件物品放在上面。同时应注意搬运行李时,不可用力过猛,更不可用脚踢客人的行李。

4.在客人进出电梯时,行李员应有护梯的动作。

5.将行李放在行李架上摆放时注意正面朝上,把手朝外,以方便客人开箱。

散客抵店行李记录表

日期:

Date:

房号 Room No.	上楼时间 Uptime	行李件数 Pieces	预计离店时间 Departure time	行李员 Porter	备注 Remarks

房号 Room No.	上楼时间 Uptime	行李件数 Pieces	预计离店时间 Departure time	行李员 Porter	备注 Remarks

（二）团队客人抵店行李服务程序与标准

程　序	操作要求和标准
检查行李	1.团队客人到达饭店时,由团队客人司机或领队核对行李件数 2.此时若发现行李破损或短缺,应由行李押送人在备注栏中注明 3.通知团队客人领队或陪同,并请负责人签字
将行李卸下车	1.按照要求将行李卸下车,把行李集中在一起 2.如果几个团队客人同时到达,不同团体的行李用网罩住,其间应留有空隙
核查行李	1.认真填写团体分房表,仔细核对客人姓名、房号 2.核对客人行李件数,以便分送到客人房间
分派行李进入房间	1.分完房后,应迅速地将行李送到房间 2.将行李车停放在房门一侧,叩门,自报身份 3.客人开门后,向客人问好,将行李送入客房,经客人签字确认后离开
填表登记	1.行李分送完毕后,应将客人房号及送入行李件数记录在"团队行李进出店登记表"上 2.核对登记表上的行李件数与抵店时的总数后存档。

085

服务提示

1.将行李平稳地摆放在行李车上,不得过高,避免损坏客人或饭店财物,上下楼使用工作电梯。

2.为提高效率,装客人的行李时,遵循"同团同车,同层同车,同侧同车"的原则。

团队行李进出店登记表

团队名称			人数		
抵店时间			离店时间		
抵店	卸车行李员		饭店行李员		领队签字
离店	装车行李员		饭店行李员		领队签字
行李进店时间		车号	行李收取时间	行李出店时间	车号

房号	行李箱		行李包		其他		备注		
	进店	离店	进店	离店	进店	离店			
合计									

进店

行李主管:＿＿＿＿＿＿＿＿＿＿＿＿＿＿＿＿

日期/时间:＿＿＿＿＿＿＿＿＿＿＿＿＿＿

出店

行李主管:＿＿＿＿＿＿＿＿＿＿＿＿＿＿＿＿

日期/时间:＿＿＿＿＿＿＿＿＿＿＿＿＿＿

（三）客人离店行李服务程序与标准

散客离店行李服务程序与标准如下:

程 序	操作要求和标准
主动服务	1. 行李员在前厅大门附近,随时关注离店的客人 2. 如遇有行李的客人离店,则应主动上前为客人提供服务
接收通知	1. 接到客人要求运送行李的通知后,核对客人的房间号码、行李件数、收取时间等 2. 做好行李收取记录
赶往房间	1. 行李员到达房间时,先按门铃或敲门,通报身份 2. 客人允许后,进入房间提取行李
清点行李	1. 帮助客人清点行李,与客人核对件数 2. 将行李系上填好的行李卡 3. 如客人不在房间,应与总台联系,安排人员打开房门,取出行李,核对件数,注意检查房内有无客人遗漏的物品等
运送行李	1. 将行李整齐地码放到行李车上,运送到大厅 2. 等候客人办理离店手续
装车送别	1. 待客人办妥离店手续后,帮客人将行李搬运到车上,轻拿轻放,请客人验收 2. 为客人开车门,待客人上车坐稳后轻轻关上车门,向客人道别
登记存档	行李员返回行李部后,填写"散客离店行李记录表"

散客离店行李记录表

日期：

Date：

房号 Room No.	离店时间 Departure time	行李件数 Pieces	车号 No.	行李员 Porter	备注 Remarks

（四）团队离店行李服务程序与标准

程　序	操作要求和标准
做好准备	1. 接到客人要求收取行李的通知后，行李员与团队领队确认团队名、房间号、离店时间以及收取行李的时间、件数 2. 根据团队信息提前准备行李车、行李牌等
收取行李	1. 按照客人要求的时间准时到达相应的楼层 2. 依照团队名、房间号码收取行李 3. 收取行李时要与客人确认行李件数，并作记录
搬运行李至饭店暂放处	1. 将所有的行李运送到饭店规定的行李暂放处 2. 将行李集中在一起，用行李网罩上
核查行李	1. 核对实际行李件数与登记数量是否相符 2. 与团队领队核对行李数目 3. 请领队确认无误后在"离店记录表"上签字
运行李上车	1. 与前台收银员取得联系，确认团队是否结账 2. 接到前台收银员的放行通知后，放行团队行李 3. 将行李运送上车，请领队签字
送别客人	1. 客人准备启程时躬身施礼，向客人致感谢语和告别语 2. 车辆启动时面带微笑，挥手向客人告别，目送客人离去
登记存档	行李员根据放行的行李件数、房号、团名等信息填写"团队行李进出店登记表"

（五）行李寄存与提取服务程序与标准

由于各种原因，有的客人希望将一些行李暂时存放在礼宾部。礼宾部为方便客人存放行李，保证行李安全，应开辟专门的行李房，建立相应的制度，并规定必要的手续。

087

1. 行李寄存服务程序

程序	操作要求和标准
向客人问好	客人前来寄存行李时,行李员应热情接待,礼貌服务
询问客人寄存要求	1. 询问客人是长期寄存还是短期寄存 2. 一般超过24小时为长期寄存,24小时以内为短期寄存
提醒客人饭店寄存规定	1. 饭店一般只为住店客人提供行李寄存服务 2. 问清行李件数、寄存时间、姓名及房号
填写"行李寄存单"	1. 填写"行李寄存单",并请客人签名 2. 上联附挂在行李上,下联交给客人留存,并告知客人下联是领取行李的凭证 3. 经办人须在"行李寄存记录本"上进行登记 4. 注明行李存放的件数、位置及存取日期等情况

2. 行李提取服务程序

程序	操作要求和标准
收回行李寄存单	1. 客人前来领取行李时,须收回"行李寄存单"的下联 2. 请客人当场在下联单上签名
核对行李寄存单	1. 将上下联进行核对,看二者的签名是否相符 2. 核实无误后将行李交给客人
作好登记	在"行李寄存记录本"上作好记录
向客人道别	帮助客人把行李送到指定地方,并礼貌地向客人道别

🔍 **服务提示**

1. 将短期存放的行李,如半天或一天的行李放置于方便搬运的地方;如一位客人有多件行李,应用绳索系在一起,以免拿错;

2. 如果客人寄存的行李由他人来领取,须请客人把代领人的姓名、单位或住址写清楚,并请客人告知代领人凭"行李寄存单"的下联及证件前来领取行李,并在"行李寄存记录本"的备注栏内作好记录。

3. 如果客人遗失了"行李寄存单",须请客人出示有效身份证件,核查签名后请客人报出寄存行李的件数、特征、房号等,确定是该客人的行李后,请客人写一张领取行李的说明并签名(或复印其证件)。

行李寄存

行李寄存单（饭店联）		
姓名 NAME：	日期 DATE：	房号 ROOM NO：
行李件数 LUGGAGE：		时间 TIME：
客人签名 GUESTS SIGNATURE：		
行李员签名 BELLBOY's SIGNATURE：		

行李寄存单（顾客联）		
姓名 NAME：	日期 DATE：	房号 ROOM NO：
行李件数 LUGGAGE：		时间 TIME：
客人签名 GUESTS SIGNATURE：		
行李员签名 BELLBOY's SIGNATURE：		

案例学习

张先生的困扰

一位客人11:00时许提着行李箱走出电梯,径直往大厅行李房走去。正在行李房当班的服务员小王见到了就招呼说:"张总,您好! 您在我们酒店住得还习惯吧?"张总回答说:"住得挺好的,生意也顺利谈完了。现在就是到您这儿来寄存行李,下午还要出去办点事情,准备乘坐晚上七点多的飞机回去。""好,您就把行李放在这儿吧。"小王态度热情,从张总手里接过行李箱,对他说:"您去忙您的吧。"张先生问:"是不是要办个手续?""不用了,咱们是老熟人了,下午您回来了直接过来取东西就行了。"小王爽快地表示。"好吧,那就谢谢您了!"张先生说完便匆匆离去。16:30 小王忙忙碌碌地为客人收发行李,服务员小李前来接班,小王便把手头的工作交给小李,下班离开。傍晚,张先生匆匆赶到行李房,不见小王,便对当班的小李说:"您好,我的一个行李箱交给小王了,可他现在不在,请您帮我提出来。"小李说:"请您出示您的行李牌。"张先生说:"小王是我的朋友,当时他说不用办理手续了,所以就没有行李牌。您看……"小李着急地说:"哟,这可就麻烦了,小王已经下班了,他下班的时候也没有向我交代这件事。"张先生焦急地问:"您能不能给我想想办法?""这可不好办,除非找到小王,可他正在回家的路上……""请您无论如何想个办法帮我找到他,一会儿我还要坐飞机回去。"张先生迫不及待地打断了小李的话说道。"他正在挤公交车,家又住得远,现在无法跟他取得联系。"小李表示无可奈何。"我的行李提不出来,我就得误机了!"张先生沮丧至极。"对不起,先生。"小李表示无能为力。"唉,想不到熟人帮忙,结果反而误了大事。"张先生自言自语道。

案例思考

1. 服务员小王犯了什么错误? 饭店该如何避免类似事件的发生?

2. 小李的做法正确吗? 如果你是小李,会怎么样处理此事?

案例评析

1.小王遇上熟人张先生存放行李,绝不能图方便随便免去手续,应照章办事,发给行李牌。客人在任何情况下都可以按照正常手续及时提取行李,不至于发生提不出行李而延误班机的意外事故。

2.小王在下班之前应将张先生寄存行李之事交代给下一班的小李。这样,开始没有办理手续的过错也能得到弥补。

3.规章制度是在管理服务的大量实践中总结出来的"法规",是保证饭店正常运转、维护客人利益所必不可少的,饭店服务人员必须严格执行。特别是关系到客人财产安全的部门、环节,更要一丝不苟,来不得半点疏忽。

实训活动

实训项目	散客抵店行李服务
实训目的	能够规范地进行散客抵店行李服务
实训方法	情景模拟
实训要求	1.仪容仪表规范 2.主动问候 3.正确使用各种行李车 4.正确引领客人 5.规范地介绍房间设施设备 6.及时、认真地填写表格 7.养成团队协作、沟通交流的职业素养
实训步骤	1.老师讲解、示范 2.分派礼宾员、行李员以及客人的角色 3.分组训练 4.小组展示 5.学生互评 6.教师讲评

展示与评价

姓名＿＿＿＿＿＿＿＿　　组别＿＿＿＿＿＿＿＿　　时间＿＿＿＿＿＿＿＿

序　号	项　目	分　值	自评分	老师评分
1	欢迎问候礼仪	15		
2	行李服务规范	15		
3	等候陪同礼仪	10		

序　号	项　目	分　值	自评分	老师评分
4	引领礼仪	10		
5	房间介绍规范	15		
6	登记存档	15		
7	团队协作能力	10		
8	积极主动地参与本活动的完成	10		
	总　分	100		

任务 3

金钥匙服务

学习目标

1. 了解金钥匙服务的由来；

2. 了解金钥匙服务在中国的发展；

3. 理解金钥匙的素质要求；

4. 掌握金钥匙服务的服务理念。

学习准备

1. 学生利用网络、图书等资源进行相关资料的搜集；

2. 教师组织学生观看相关视频；

3. 学生进行仪容仪表的准备。

相关知识

无论在世界的哪个角落，金钥匙都会倾尽全力，去延续我肩负的使命；以真诚服务于我们的职业、我们的饭店，乃至整个旅游业。

——国际金钥匙组织创始人：费迪南德·吉列特

一、金钥匙概述

"金钥匙"是一种"委托代办"的服务理念。Concierge 一词最早源于法国，指古代城堡的守门人，后演化为饭店守门人，负责迎来送往饭店的客人。随着饭店业的发展，其工作范围也在不断地扩大，在现代饭店业中，Concierge 已成为客人提供全方位"一条龙"服务的岗位，只要不违反道德和法律，任何事情，Concierge 都尽力办到，以满足客人的要求。其代表人物就是他们的首领"金钥匙"，他们见多识广、经验丰富、谦虚热情、彬彬有礼、善解人意。"金钥匙"通常身着燕尾服，上面别着十字形金钥匙，这是委托代办的国际组织——"国际金钥匙组织联合会"会员标志，它象征着"Concierge"就如同万能的"金钥匙"一般，可以为客人解决一切难题。其服务哲学就是"尽管不是无所不能，但一定要竭尽所能"。

二、"金钥匙"的素质要求

"金钥匙"以其先进的服务理念、真诚的服务思想,通过其广泛的社会关系和高超的服务技巧,为客人解决各种各样的问题,创造饭店服务的奇迹。因此"金钥匙"必须具备很高的素质。

1. 金钥匙的基本素质要求

(1)有良好的职业道德;

(2)有丰富的知识,熟悉饭店的各种服务设施,熟悉本地的旅游景点,熟悉本地的交通状况;

(3)通晓多种语言;

(4)与本地的有关单位建立良好的关系和协作网络;

(5)有良好的身体素质,精力充沛。

2. 金钥匙的能力要求

较强的交际能力　　"金钥匙"的能力要求　　较强的应变能力

良好的语言表达能力

团队协作能力　　出色的沟通协调能力

三、"金钥匙"在中国的发展

现在在中国的饭店里,出现了这样一群年轻人,他们身着一身考究的西装和燕尾服,衣领上别着一对交叉的金钥匙徽号,永远彬彬有礼,永远笑容满面,永远机敏缜密,他们是国际金钥匙组织的成员——中国饭店金钥匙。

国际"金钥匙"组织自1995年被正式引入中国,最早由著名爱国人士霍英东先生倡导引入了广州白天鹅宾馆。1997年中国申请加入国际金钥匙组织,成为第31个成员国。到目前为止,金钥匙在中国已经发展16年,并覆盖了190个城市,1 200多家星级饭店和高档物业,2 000多名金钥匙会员,金钥匙也被国家旅游局列入国家星级饭店标准。饭店金钥匙在中国的逐渐兴起,是我国经济形势的发展,以及旅游总体水平的发展需要。他将成为中国各大城市旅游体系里的一个品牌,即代表着热情好客、独具饭店特色的一种服务文化,并将成为该城市饭店业的一个传统。

【鉴定练习】

一、填空题

1. 门童在为客人开启车门时,_____手拉开车门,开门的原则为_____、_____、_____。

2. 国际金钥匙协会是礼宾服务的国际性组织,其服务哲学是_____、_____。

3. 饭店的行李服务是由前厅部的_____提供的,其工作岗位通常位于酒店大堂一侧的_____。

4. 行李员在引领客人时,应走在客人的_____,距离_____,随着客人的脚步走。

5. 行李服务的"四勤"是_____、_____、_____和_____。

二、判断题

1. 门厅迎宾员是代表饭店在大门口迎送客人的专门工作人员。 （ ）
2. 门童要为所有乘车到来的客人提供护顶服务。 （ ）
3. 行李员带客人到房间时,应先按门铃,确认无人后,再请客人进入房间。 （ ）
4. 如果客人丢失了行李提取联,行李员可凭对客人容貌的熟悉同意客人领取行李。
 （ ）
5. 行李员应向每一位入住饭店的客人介绍设施设备。 （ ）

三、简答题

1. 试述散客抵店的行李服务程序。
2. 为客人提供行李寄存时应注意哪些细节?

项目5
总机服务

电话是当今社会最主要的通信手段之一，也是饭店宾客使用频率最高的通信设施，在对客服务过程中扮演着重要的、不可替代的角色。宾客需要的所有服务几乎都可通过电话解决。总机房就是负责为宾客及饭店经营活动提供电话服务的前台部门。

总机是饭店内外沟通联络的通信枢纽和喉舌，以电话为媒介，为宾客提供转接电话、留言、叫醒、查询等话务服务，是饭店对内对外联系的窗口和纽带，是饭店与宾客交流信息的桥梁，其工作代表着饭店的形象，体现饭店的业务水准。

项目目标

1. 掌握话务服务的基本礼仪常识；
2. 能正确运用话务服务规范用语；
3. 熟悉话务服务的主要项目；
4. 掌握话务服务各项目的服务规程。

任务 1
总机服务礼仪及服务用语

学习目标

1. 了解话务员必备的基本条件；
2. 掌握话务服务的基本礼仪常识；
3. 能正确运用话务服务规范用语。

学习准备

1. 把学生分成 3~5 人一组的学习小组；
2. 每组推选一名同学现场拨打当地三星级以上的饭店总机，并把其听到的和感受到的与小组成员分享。

相关知识

一、总机房的环境要求

总机房的环境优劣将直接影响话务员对客服务的效率与质量。通常，其环境要求为：

（1）安静、保密。总机房应处于宁静的氛围中，未经许可，任何人不得擅自进入。

（2）便于与总台联系。总机房的设立位置应尽量靠近总台，或应具备与总台保持联系极为畅通的设备。

（3）清洁、整洁。总机房的各种办公用品应明确定位，各类表单应归类存放。

（4）优雅、舒适。良好的工作环境将会给话务员做好对客服务创造一个良好的客观条件。

二、话务员的基本素质要求

话务员的声音代表了饭店的形象，是饭店"只听悦耳声，不见微笑容"的幕后服务大使，宾客能通过电话感觉到来自饭店的微笑、热情、礼貌和修养，甚至感受到饭店的档次和管理水平。

（1）修养良好，责任感强；

（2）口齿清楚，嗓音悦耳，音质甜美；

（3）听写迅速，反应敏捷；

（4）专注认真，记忆力强；

（5）有较强的外语听说能力；

（6）有熟练的计算机操作和应用能力；

（7）有较强的信息沟通和处理能力；

（8）了解饭店各部门的服务情况、本地区的旅游、交通、娱乐、购物等信息与知识；

（9）严守话务机密。

三、话务服务的基本礼仪

（一）接听电话的礼仪

1.铃"三响之内"接电话

所有来电，务必在三响之内接听，以充分体现饭店的工作效率。不得故意延误，不得把发话人搁在一边或提起听筒以后还照常和周围的人闲谈。

2.先问好，再报单位名称（外线电话报饭店名称，内线电话报部门或岗位名称），再用问候语。这样可以避免搞不清身份和拨错电话的麻烦，例如，"您好，××饭店"，一般要求用普通话，或者用中文和英文。例如，Good morning，××Hotel。接电话问好、报单位后讲问候语，例如，"请问我能帮您什么忙?"

3.避免用过于随便的语言

热情、修辞恰当的语句是电话回答成功的一半，因而不要用非专业化以及不礼貌的词语。

4.电话接线要迅速准确

下榻在饭店的客人所接到的大多数电话都是长途电话，都很重要，因而电话接线要迅速准确，一定要做到认真、耐心、细心。

5.注意聆听

在客人讲完之前不要打断，也不可妄下结论，对听不清楚的地方，要复述客人的话，以免搞错。听电话时要注意礼貌，仔细聆听对方的讲话，要把对方的重要话进行重复和附合，应不时地用"对""是""好的"等来给对方积极的反馈。

6.作好记录

若是重要的事，应作记录。记录时要重复对方的话，以检验是否无误。一个完整的电话记录应包括下列内容：

(1)受话人姓名；

(2)发话人姓名及公司；

(3)发话人电话号码及分机号码；

(4)发话人所在的城市；

(5)发话人要求的时间、地点和其他具体要求等；

(6)通话的日期和时间；

(7)记录人姓名。

7.通话完毕时，应说"谢谢您的来电""祝您愉快""再见"等

8.后于对方收线，以对方挂断电话为通话完毕，任何时候不得用力掷听筒

(二)拨打电话礼仪

(1)准确查对电话号码，并正确拨号，如果拨错了，应向对方说"对不起"再重新拨号。

(2)选择适当的通话时间，不要在休息时间拨打电话。

(3)拨通电话铃响后七八次无人接时才挂电话，以防对方远离电话机。

(4)电话接通后，首先应说"您好，请问是某某吗？"然后才说明你通话的意图。

🐚案例学习

接听电话的投诉

某日晚22:00，一位客人从店外打电话到前台查询另一位住店客人冯先生，总机将电话接转至前台后半天无人接听，后来电话被接起又放下不理，客人感到非常生气，向夜间值班经理投诉。

🐚案例评析

在电话里，客人一段简短的对话，能够改变客人对饭店的印象，电话是客人对饭店印象的第一感受。因此，服务员在接听电话时要随时使用电话技巧。如何接听电话是对客服务的基本功，及时灵活地接听电话可以更好地为客服务，减少投诉。

学习拓展

总机常用电话接听英文表达

一、接听用语

(1)Hold on,please!

请稍等！

(2)The line is busy,please call back later.

对不起,电话占线,请您稍后再拨。

(3)There's no answer. Would you like to leave a message?

电话没人接,您是否需要留言?

(4)Who would you like to speak to?

请问您找哪位?

(5)Sorry,there's no guest with that name.

对不起,没有这个姓名的客人。

(6)Would you like to repeat the number?

请您再说一遍好吗?

(7)Could you speak a little louder,please?

请您大声一点好吗?

(8)Could you speak slowly,please?

请说慢一点!

(9)I'm afraid you dial the wrong number. Here is ×× hotel operator.

恐怕您拨错了号码,这里是×××饭店总机。

(10)I'll put you through to the information desk.

我将帮您把电话转到问讯处。

(11)Could you please give me the message,sir/madam?

请告诉我您的留言内容

(12)B. Thank you for calling. I'll relay the message to Mr. /Mrs.

请放心,我一定将您的意思转达给×先生/小姐,谢谢您的来电,再见!

二、饭店住店客人的叫醒受理

(1)May I have your name and your room number,please?

能告诉我您的姓名和房号吗?

(2)Could you tell me what time would you like to get up? /May I know your wake-up call time,please?

请问您需要什么时间的叫醒?

(3)May I repeat your room number and the time,sir/madam?

我重复一遍您的房号和叫醒时间,好吗?

(4)Good morning (afternoon, evening), sir/madam! This is your * * o'clock wake-up call service. Today is cloudy. The temperature will be between * * degrees and * * degrees. Have a good day to you (have a nice day)!

早上好(中午、晚上好),先生/女士,这是您××点的叫醒服务。今天多云,最高温度××度,最低温度××度,祝您拥有愉快的一天!

三、住客电话询问

(1)内线和市话电话免费。

There is no charge for in-house and local call.

(2)I'll check immediately and call you back in a moment.

我会立刻为您查找,然后打电话给您。

(3)Would you mind waiting a minute? I'll check it for you right now.

请稍等一会儿好吗? 我马上为您查找。

四、代客人接国际/国内长途

(1)Is this a paid call or collect call?

请问这是自己付费还是对方付费电话?

PS:①If you want to make a IDD,you should press 900 firstly,then the country code,the area code and telephone number.

如果您希望拨长途,请先拨900,然后拨国家代码、地区代码及电话号码。

②If you want to make a DDD,you should press 9 firstly,then the area code and telephone number。

如果您希望拨国内长途,请先拨9,然后拨地区代码及电话号码。

(2)Could you please tell me country code,the area code and telephone number,sir/madam?

您能告诉我电话的国家代码、地区代码和电话号码吗?

(3)Could you please tell me who you want to speak to?

您能告诉我您希望找哪位吗?

(4)Could you please spell your name?

能告诉我您的名字是怎么拼的吗?

🔍**服务提示**

1.铃响三声之内必须将电话接起,微笑问好,自报岗位,询问对方需求什么服务;

2.两部电话铃声同时响起,应先将一部电话接起,微笑问好,向客人说对不起,请客人稍等,然后立即接听另一部电话,并尽量用简短的语言回答对方询问的内容,待通话结束后应迅速将第一部电话接起,向等候的对方再次表示歉意,同时马上回答对方的询问;

3.当你正在为宾客服务时,旁边的电话铃响了,你不予理睬,继续为面前的客人服

务,好像是在真诚地为客人服务,但它的副作用是,这位客人心里会想,以后我再打电话过来可能也会遭到冷漠对待;

4.当你在接听电话时,如有客人来访,应面带微笑,点头示意,暗示客人你将尽快为其服务。当你迅速结束电话交谈后,应对客人说:"对不起,让您久等了"。

实训活动

把学生分成3~5人一组,进行拨打电话和接听电话情景练习。

活动1:接听电话练习

实训项目	接听电话练习
实训目的	能按总机服务要求接听电话
实训方法	情景模拟
实训要求	1.三声之内接听电话 2.主动问候并报单位名称或部门 3.仔细聆听客人的问话 4.重复客人重要的问话 5.记录客人电话内容 6.向客人致谢
实训步骤	1.老师讲解、示范 2.把学生分组 3.学生分组练习 4.小组展示 5.学生互评 6.教师讲评

活动2:拨打电话练习

实训项目	拨打电话练习
实训目的	能按电话礼仪服务要求拨打电话
实训方法	情景模拟
实训要求	1.做好拨打电话的准备 2.主动问候并再告知对方自己的姓名或工号 3.确认接听电话对象 4.向客人说明拨打电话的意图 5.电话内容简明、清楚 6.向客人致谢

续表

实训步骤	1. 老师讲解、示范 2. 把学生分组 3. 学生分组练习 4. 小组展示 5. 学生互评 6. 教师讲评

展示与评价

接听电话鉴定表

姓名＿＿＿＿＿＿＿＿　　　　组别＿＿＿＿＿＿＿＿　　　　时间＿＿＿＿＿＿＿＿

序　号	评价考核内容	分　值	自　评	教师评
1	按要求完成了接听电话服务情景模拟练习	10		
2	在铃"三响之内"接电话	10		
3	先问好，然后报单位名称，再问候	10		
4	仔细聆听对方的讲话，并重复重要内容	10		
5	完整地记录了对方的电话内容	10		
6	后于对方收线并向对方致谢	10		
7	掌握了本任务各项规范要点	10		
8	在本项目的学习活动中与同伴有很好的合作	15		
9	积极主动地参与了本项目活动的完成	15		
总　分		100		

拨打电话鉴定表

姓名＿＿＿＿＿＿＿＿　　　　组别＿＿＿＿＿＿＿＿　　　　时间＿＿＿＿＿＿＿＿

序　号	评价考核内容	分　值	评　分	备　注
1	按要求完成了拨打电话服务情景模拟练习	10		
2	向对方问好	10		
3	告知对方自己的姓名或工号	10		
4	确认接听电话对象	10		
5	电话内容简明、清楚	10		

序　号	评价考核内容	分　值	评　分	备　注
6	结束语礼貌、得体	10		
7	后于对方收线,并轻轻放下话筒	10		
8	在本项目的学习活动中与同伴有很好的合作	15		
9	积极主动地参与了本项目活动的完成	15		
总　分		100		

任务 2
总机服务项目和服务规程

学习目标

1. 熟悉话务服务的主要项目；
2. 掌握话务服务各项目的服务规程。

学习准备

1. 把学生分成 2~4 人一组的学习小组；
2. 请有校企合作关系的饭店给予支持,让学生能以客人的身份与其饭店总机话务员进行服务规程练习。

相关知识

电话是信息沟通的重要工具,电话总机是饭店与宾客进行内外联系的枢纽,是为宾客提供服务的重要工具。

电话总机提供的服务项目主要有:转接电话、接挂长途电话、叫醒服务、留言服务、问讯服务和应急电话服务等。

一、转接电话服务

(1)电话铃三响内接起,应说:"您好,总机,有什么需要帮您的吗?"

(2)转接电话遇到电话忙音时,应及时说:"对不起,×××电话占线。请您稍候再拨。"回复时间应掌握在 30 秒左右;

(3)根据客人要求,准确无误地接通电话;

(4)转接电话遇到无人接话时,应说:"对不起,×××电话没人接。请您稍候再拨。"回复时间应掌握在 30 秒左右;

(5)遇到查询电话号码时,凡在饭店规定的市内常用电话和急救、急修电话号码范围之内的,要立即给予答复,超出范围的应礼貌致歉,请客人稍等,并致电 114 进行查询。

二、接挂长途电话

现代饭店一般采用程控直拨电话系统,宾客可以在房间内直接拨打国内、国际长途电话。通话后,电脑计费系统自动记录通话时间和费用,并记录到宾客账户上。特殊情况下,宾客才会要求电话总机代拨长途电话,以国内长途为例。

（1）接到宾客要求,话务员问清受话人所在省份、城市、电话号码、受话人姓名及宾客的房号、宾客的姓名。

（2）核查宾客所提供的有关房间及姓名方面的信息是否与电脑记录内容相符。

（3）填写"挂拨国内长途单"。

（4）话务员拨打地区代码和电话号码。

（5）电话接通后,将电话转到宾客房间。

（6）通话完毕,将通话时间和费用通知宾客,并将计费单转到前台收银处。

三、叫醒服务

电话叫醒服务是饭店对客服务的一项重要内容,它涉及宾客的计划和日程安排,尤其是关系到宾客的航班、车次等。因此,不能出任何差错,否则会给宾客和饭店带来不可弥补的损失。饭店向宾客提供叫醒服务分为人工叫醒和自动叫醒。在采用功能齐全的程控交换机的饭店,多选择电话自动叫醒。

1. 自动叫醒服务程序及要求

（1）接到宾客要求叫醒服务的电话,话务员要问清宾客的房号、姓名及叫醒时间;

（2）话务员复述一遍宾客的要求,以获宾客的确认,祝宾客晚安;

（3）把叫醒要求输入程控交换机;

（4）填写"电话叫醒记录单",记录宾客的房号、叫醒时间及话务员姓名;

（5）叫醒时间到,程控交换机会自动接通房间电话,并打印叫醒记录;

（6）话务员注意查看叫醒记录,对于没有应答的房间应采取人工叫醒,如再无人应答,应通知房务中心派服务员去叫醒。

2. 人工叫醒服务及要求

（1）接受客人叫醒服务要求;

（2）问清楚要求叫醒的时间;

（3）填写叫醒记录单;

（4）在定时钟上准确定时;

（5）叫醒时使用规范的叫醒语言:"早上好张先生！现在是北京时间七点整,这是您的叫醒服务,祝您工作愉快！请问您还需要第二次叫醒吗？"

（6）当宾客被叫醒后,要在叫醒记录表上填写叫醒时间及叫醒人员;

（7）若无人应答,则应立即派人去房间查看情况。

四、留言服务

当宾客来电找不到受话人时,话务员应主动向来电人建议,是否需要留言。

(1)当客房电话无人接听,来电人要求留言时,话务员认真核对来电人要找的住店宾客姓名;

(2)核对宾客是否正在住店,除非宾客已结账离店,否则一般均应做留言;

(3)记录来电人姓名、电话号码、是从何处打来的电话并记录留言内容;

(4)将来电人姓名、住客姓名、电话号码及留言内容重复一遍以确认;

(5)打印留言;

(6)将留言条分别送问讯处和客房;

(7)打开宾客房间内电话上的留言灯,以便通知宾客来查询留言;

(8)当宾客收到留言后应取消电脑中的留言,关闭留言灯。

五、应急电话服务

电话总机除了提供对客服务外,在饭店出现紧急情况时,还能作为饭店管理人员的指挥协调中心。

(1)接到紧急报警,首先要保持冷静,不得惊慌。

(2)向报警人询问以下内容:①报警人姓名与身份;②报警人所在部门;③出事地点;出事时间,并迅速作好记录。

(3)即刻电话通知饭店相关部门和值班经理,并根据现场指挥人员的命令,迅速与当地有关部门(消防、公安)紧急联系。

(4)严格执行现场管理人员的命令进行信息发布和各项联络工作。

(5)坚守岗位,继续从事对客服务工作,并安抚宾客,稳定其情绪。

(6)详细记录紧急情况发生时的电话处理细节,以备事后检查和归类存档。

🔍 **服务提示**

自动叫醒不一定有效,所以常常和人工叫醒结合使用。话务员要随时检查自动叫醒装置效果,防止叫醒服务失误以引起客人的投诉。

实训活动

把学生分成2~4人一组,分别扮演话务员和宾客进行转接电话服务、问讯服务、叫醒服务、留言服务练习。

活动1

自设场景,相互交换角色进行问讯服务和转接电话服务练习。

活动2

自设场景,相互交换角色进行叫醒服务练习,并填写电话叫醒记录单。

××饭店电话叫醒记录单

日　期	姓　名	房　号	叫醒时间	接受人	检查人

活动3

自设场景,相互交换角色进行留言服务练习,并填写留言条

留言条 leaving a message

致:先生/太太/小姐 TO:Mr./Mrs./Miss		房号 Room No.	
日期/Date		时间/Time:	
由:先生/太太/小姐 From:Mr./Mrs./Miss		电话号码 Tel No	
□曾致电 □Telephoned	□请复电 □Please ring back	□曾来拜访 □Came to visit you	□将再致电 □Will call again
留言 Message			

展示与评价

姓名＿＿＿＿＿＿＿　　　组别＿＿＿＿＿＿＿　　　时间＿＿＿＿＿＿＿

序　号	评价考核内容	分　值	自　评	教师评
1	按要求完成了电话问讯服务情景模拟练习	10		
2	按要求完成了转接电话服务情景模拟练习	10		
3	按要求完成了叫醒服务情景模拟练习	10		
4	按要求完成了留言服务情景模拟练习	10		
5	会正确处理转接电话服务中的电话占线、无人接听情况等	10		

续表

序　号	评价考核内容	分　值	自　评	教师评
6	会正确处理电话问讯服务中的各种意料之外的问讯	10		
7	会正确填写电话叫醒记录单	10		
8	会正确填写留言条	10		
9	在本项目的学习活动中与同伴有很好的合作	10		
10	积极主动地参与本项目活动的完成	10		
总　分		100		

【鉴定练习】

一、填空题

1. 对总机话务员声音的特别要求是:声音＿＿＿＿＿＿;语气＿＿＿＿＿＿;用语＿＿＿＿＿＿;音量＿＿＿＿＿＿;声调＿＿＿＿＿＿;发音＿＿＿＿＿＿;语调＿＿＿＿＿＿。

2. 接听电话要求在铃"＿＿＿＿＿＿"接电话;要先向对方＿＿＿＿＿＿,再＿＿＿＿＿＿,再＿＿＿＿＿＿。

3. 叫醒服务一般有两种形式,一是＿＿＿＿＿＿,二是＿＿＿＿＿＿。

4. "电话叫醒记录单"必须记录的信息主要有宾客的＿＿＿＿＿＿、＿＿＿＿＿＿、＿＿＿＿＿＿及话务员姓名等主要信息。

二、判断题

1. 总机话务员是饭店"只听悦耳声,不见微笑容"的幕后服务大使。　　（　　）

2. 为了总机房宁静,总机房应设立在远离总台的位置。　　（　　）

3. 由于来电太多,话务员可同时接听多门电话。　　（　　）

4. 话务员转接饭店内线电话的第一句话是:"您好,××饭店"。　　（　　）

5. 现代饭店一般采用程控直拨电话系统,宾客一般不会要求电话总机代拨长途电话。
　　（　　）

6. 当自动叫醒无应答时应采取人工叫醒,如再无人应答,应通知房务中心派服务员去叫醒。　　（　　）

7. 总机话务员应像前台问讯员一样为宾客提供各类问讯服务。　　（　　）

8. 电话总机除了提供对客服务外,在饭店出现紧急情况时,还能作为饭店管理人员

的指挥协调中心。   （   ）

三、写出下列常见通话情景的服务用语

通话情景	服务用语
外线电话	
内线电话	
占线	
线路接通	
无人接听	
要求转入不打扰房间	
要求提供叫醒服务	
住客要求保密	
投拆电话	

项目6
商务中心

商务中心的主要职能是为商务客人提供各种秘书服务,它是商务客人"办公室外的办公室",拥有先进的服务设施设备和齐全的服务项目,是现代饭店为客人提供优质服务的重要保证。

项目目标

1. 熟悉商务中心的服务项目;
2. 能理解商务中心的岗位职责和工作要求;
3. 能按照服务程序为客人提供各种商务服务。

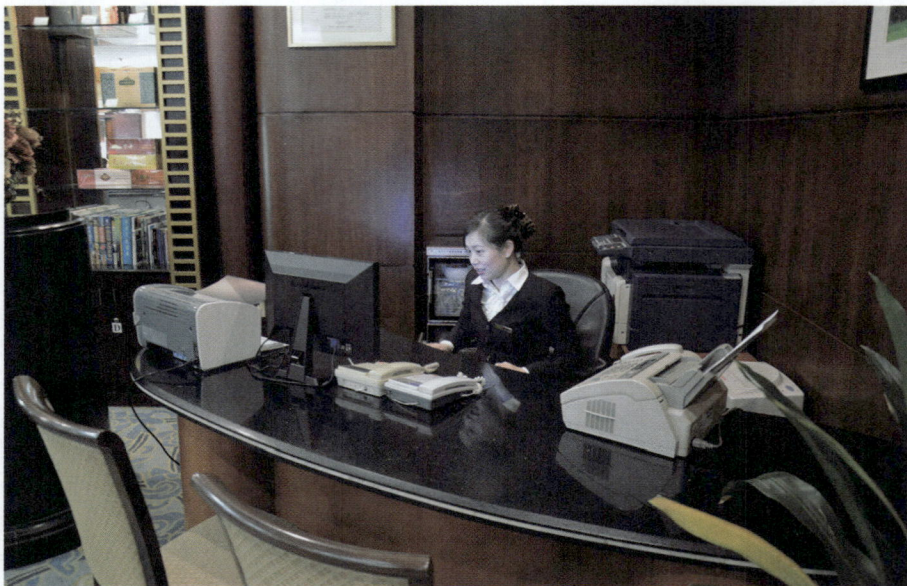

任务

商务中心

学习目标

1.熟悉商务中心的服务项目；

2.能熟练操作复印机、打印机、传真机等办公设备；

3.能根据操作程序和标准,为商务客人提供传真收发服务、电子文件、打印、复印与装订服务。

学习准备

1.学生课前到当地星级饭店了解商务中心都为客人提供哪些服务；

2.将学生进行分组；

3.准备好各种学习用品。

相关知识

一、商务中心的服务项目

为满足客人的商务需要,越来越多的饭店设立了商务中心。通常,商务中心设在饭店的一层或二层的公共区域内,并有明显的指示标记牌,便于客人查找。商务中心除拥有上述先进、齐全的设备和物品外,还应配备具有一定专业经验的工作人员。商务中心是现代饭店的主要标志之一,是客人"办公室外的办公室"。一般以房间为单位进行设计,具有安静、隔音、舒适、幽雅、整洁等特点。由于商务中心工作的特殊性,商务服务要求商务中心的人员热情礼貌。

(1)中英文打字:对客服务、内部打字服务、传真、电报服务。

(2)文印:对客文印服务,内部文印业务、电传服务、计算机文字处理、复印及装订服务。

(3)翻译、秘书服务,图书资料、商业信息、阅览服务。

(4)设备出租、会议室出租与安排服务、托运服务。

(5)代办邮件服务,代订车、船、机票服务,装订服务,长途电话服务。

二、商务中心服务程序

（一）复印服务

（1）主动问候客人，介绍收费标准。

（2）问明客人要复印的数量及其规格，并作好记录。

（3）告知客人大概完成的时间。

（4）复印后清点，按规定价格计算费用，办理结账手续。

（5）复印完毕后，取出复印件和原件如数交给客人，询问客人是否需要装订或放入文件袋。

（6）礼貌道谢。

（7）在"复印登记表"中登记。

（二）打印服务

（1）了解并记录客人的要求。

（2）介绍收费情况，征询付款方式。

（3）告诉所能达到的最快的完成时间。

（4）浏览原稿，不明之处向客人提出。

（5）记录客人的姓名、联系电话和房号。

（6）打字完毕后认真核对一遍，并按照客人的要求予以修改、补充，确保无误。

（7）客人确认文件定稿后，询问文件是否存盘及保留时间，或按照客人要求删除。

（8）通知客人取件，送到客人房间或指定地点。

（9）收费，礼貌道谢。

（三）电传服务

1. 接收传真

（1）认真阅读来件信息，与前厅部问讯处确认收件人的姓名及房间号码，并将接收"OK"报告单与来件存放在一起。

（2）填写"商务中心每日传真来件报表"。

（3）电话通知客人有传真来件。如客人在房间，应告诉客人将派行李员送到房间，然后开出账单交到总台收银处；若客人不在房间，则进行留言服务。

（4）留言单右上角应注明客人离店日期、时间，以便能在客人离店前将传真送给客人。

（5）疑难来件应及时请示大堂副理。妥善处理查无此人的来件，传真来件按照饭店规定收费。

2. 发送传真

（1）主动问候客人，问明发往的地区。

（2）查看客人所提供的地区号码，并进行核对。

（3）输入传真号码，先与稿件上的号码核对，确认无误后再按发送键。如发送接通后，对方为通话状态，此时需拿起电话告知对方接通传真机。事先向客人讲明，传真发送需收费，按时间（或页数）计费。

（4）传真发出后，应将"OK"报告单连同原件一起交给客人。

（5）按饭店规定计算传真费。

（6）请客人付款或签单，账单上注明传真号码以及发送所用的时间。

（7）将账单送往总台收银处。

（8）填写"商务中心每日发送传真报表"。

（四）票务服务

（1）礼貌地询问客人的订票要求，如航班、路线、日期、车次及特殊要求等。

（2）通过电脑快速查询票源。如遇客人所期望的航班、车次已无票时，应向客人致歉，并作解释。同时主动征询客人意见，是否延期或更改航班、车次等。

（3）请客人出示有效证件或证明，办理订票手续，注意与登记单内容进行核对。

（4）向客人致谢，目送客人。

【鉴定练习】

一、填空题

1. 为便于客人使用商务中心从事各类商务活动，商务中心应具有＿＿＿＿＿＿、＿＿＿＿＿＿＿、＿＿＿＿＿＿＿、＿＿＿＿＿＿＿和＿＿＿＿＿＿＿等特点。

2. 商务中心被誉为客人"＿＿＿＿＿＿＿＿"。

3. 商务中心的服务项目包括＿＿＿＿＿＿＿＿＿、＿＿＿＿＿＿＿＿＿、＿＿＿＿＿＿＿＿＿和＿＿＿＿＿＿＿＿＿。

4. 询问客人的订票要求时，应包括＿＿＿＿＿＿＿＿＿、＿＿＿＿＿＿＿＿＿、＿＿＿＿＿＿＿＿＿和＿＿＿＿＿＿＿＿＿等特殊要求。

二、判断题

1. 商务中心通常设在饭店西餐厅附近。　　　　　　　　　　（　　）

2. 现代饭店由于性质不一样，根据客人的需要，大多数饭店不设置商务中心。（　　）

3. 对于夜间接受的传真、电传等资料,通常情况下可第二天再交给客人。 （　　）

4. 打印服务中,工作人员将文件打印完毕后,由自己进行校对,然后根据打字张数进行收费。 （　　）

5. 受理票务服务中,对客人提出的订票要求,由票务人员与相关单位联系,如不能满足客人要求,可由相关单位与客人直接联系。 （　　）

三、简答题

1. 简述复印服务的程序。

2. 简述打印服务的程序。

3. 试述票务服务的程序。

项目7
大堂副理

    大堂副理是饭店前厅部设置的一个岗位，主要负责处理客人的投诉，听取客人的意见和建议，解答客人的问讯，为客人提供必要的帮助和服务。对客服务过程要主动热情、耐心周到，准确回答客人的问讯，耐心听取客人的意见，细致周到地处理客人的投诉，从而提高饭店的服务质量和管理水平。

项目目标

1. 熟悉问讯服务相关要求；
2. 能为客人提供各种问讯服务；
3. 能正确处理客人的各种投诉；
4. 能对一些突发事件进行恰当的处理。

任务 1

问讯服务

学习目标

1. 熟悉问讯服务的相关业务要求；
2. 能为客人提供各种问讯服务。

学习准备

1. 教师课前布置任务，让学生自行到当地酒店了解前厅问讯服务的流程及内容；
2. 把学生分成2人一组的学习小组；
3. 准备好笔、留言单、电话记录本、工作记录本。

相关知识

问讯服务不仅仅是问讯处的责任，饭店的每一位员工都应成为问讯员，因为推卸责任会给客人带来不安和疑心，影响客人对饭店的好感。

一、问讯员的业务要求

（1）问讯员对客人的问讯应给予准确、肯定的答复，千万不能模棱两可或使用否定回答。如"应该还在营业吧！""可能在24:00下班！"对于不能及时解答的问题，应通过请教他人或网络资源给予客人答复。

（2）问讯员应做到热情、耐心地回答客人，有问必答，百问不厌。因此，问讯员必须有广博的知识、流利的外语，熟悉饭店所在城市风光、交通情况，懂得交际礼节和各民族风土人情及风俗习惯，做个有心人。

（3）对于住客查询业务，饭店必须注意保护客人的隐私。问讯员应首先从计算机中查看客人是否入住本饭店，然后确认其房号，接着向客房内打电话联系，将有人来访的信息告诉住客，经客人同意后才可将房号告诉来访者。如客人不在客房内，可视情况通过呼叫等方法在饭店公共区域帮助来访者寻找被访的客人。绝不能未经住客许可，便直接将来访者带入客房或直接将房号告诉来访者。

（4）相关资料要准备齐全。提供问询服务需要准备的知识主要有：

①飞机、火车、轮船、汽车等交通工具的时刻表、价目表及里程表。

②地图：本地的政区图、交通图、旅游图及全省、全国地图乃至世界地图。

③电话号码簿：本市、全省乃至全国的电话号码簿及世界各主要城市的电话区号。

④交通部门对购票、退票、行李重量及尺寸规格的规定。

⑤邮资价目表。

⑥饭店当日活动安排，如宴会等。

⑦当地医院、银行、教堂、大专院校、学术研究机构的名称、地址及电话。

⑧当地旅游风景区、展览馆、娱乐场所、影院的特色、地址和开放时间。

⑨本地旅游景区宣传册。

二、问讯服务的内容

1. 有关住客的查询

关于住客的查询主要有客人是否入住本饭店、客人是否在房间、客人入住的房号、客人是否有留言给访客、房间的住客情况等。

2. 有关酒店内部的情况问讯

有关饭店内部的问讯通常涉及餐厅、酒吧、商场所在位置及营业时间；宴会、会议、展览会举办场所及时间；饭店提供的其他服务项目，如健身服务、洗衣服务、医疗服务等的营业时间及收费标准。

3. 有关酒店外部的情况问讯

酒店外部的情况通常涉及饭店所在城市的旅游点及市内交通情况，主要娱乐场所、商业区、商业机构、政府部门、大专院校及有关企业的位置和交通情况，近期内有关大型文艺、体育活动的基本情况，国际国内航班飞行情况，本地各宗教场所的名称、地址及开放时间。

实训活动

实训项目	问讯服务
实训目的	1. 熟悉问讯业务相关要求 2. 熟悉各种应急事件处理工作所需要的知识、技能和步骤 3. 能为客人提供店内外各种问讯服务
实训要求	1. 熟悉店内相关情况、店外公共信息 2. 了解当天的天气、新闻、交通等与饭店宾客咨询相关的信息，为宾客提供准确、及时的信息服务 3. 清楚了解饭店当天的有关信息，为满足客人提问做好准备

续表

实训方法	分组练习　情境模拟
操作步骤	1. 先由教师与学生模拟示范并讲评 2. 学生2人一组,分别扮演接待员和宾客,面对面练习 3. 学生分组表演 4. 学生讨论互评 5. 教师评价

服务提示

1. 对熟悉的情况随问随答。

2. 对不清楚的问题,请客人稍等,查询后给予答复。

3. 对不清楚又一时查不到的信息,向客人说明,请客人谅解,或转交大堂经理处理,或记下客人姓名等,待查询后回复客人。

4. 经查询后仍无法解答的问题,回复客人并向客人道歉。

展示与评价

姓名_____　　　组别_____　　　时间_____

序　号	鉴定考核内容	分　值	自　评	教师评
1	了解客情	10		
2	准备饭店的信息和资料	10		
3	准备笔、工作记录本等	10		
4	仔细聆听客人的问讯	15		
5	热情、耐心、肯定地回答客人的问讯	15		
6	在问讯中做到保护客人的隐私	20		
7	是否主动参与本次活动训练	10		
8	本次活动完成的效果	10		
	总　分	100		

投诉的处理

学习目标

1. 了解引起客人投诉的原因；
2. 能正确领会投诉处理的原则和方法；
3. 能根据投诉处理的原则和方法正确处理客人的投诉。

学习准备

1. 教师创设环境,布置设施设备:计算机一台、留言填写单、打印机、传真机、复印机等各种办公用具;
2. 将学生分成 4 人一组的学习小组。

相关知识

作为前厅部大堂经理或是普通前厅部员工,经常会碰到一些投诉,如设施设备、员工态度、服务和异常事件的发生等,都直接反映出客人对饭店的不满。不管前厅部员工的对客服务如何高效、热情,宾客还会对饭店的某些人或事表示失望。前厅部处在最易看到的位置,这就意味着前厅部大堂经理或普通员工成为首先了解宾客投诉的人。所以重视投诉、灵活解决投诉是前厅部人员要掌握的一项重要技能。

一、投诉的原因

在饭店引起客人投诉的原因主要有以下几种:

1. 硬件设施设备出现故障引起的投诉

有关设施设备的投诉原因主要包括空调不灵、照明灯不亮、电梯夹伤客人、卫生间水龙头损坏等。

2. 不满服务态度的投诉

这类投诉原因主要包括冷漠的接待方式、粗暴的语言、戏弄的行为、过分的热情及不负责任的答复等。

3. 对饭店服务和管理质量的投诉

这类投诉原因包括排重房间、叫醒过时、行李无搬运、住客在房间受到骚扰、财物在店内丢失、服务不一视同仁等。

4. 对饭店相关政策规定的投诉

这类投诉主要涉及饭店的政策规定,有时饭店并没有什么过错,其投诉主要是因为客人对饭店有关政策规定不了解或误解造成的。处理此类投诉时,应给予客人耐心解释,并热情帮助客人解决问题。

5. 有关异常事件引起的投诉

这类投诉主要包括无法购得机票、车票,城市供电、供水系统障碍、恶劣天气等。

二、投诉处理应遵循的原则

客人投诉的原因及目的各不相同,一部分客人在遭遇不满后要求在物质上得到补偿,以求得到心理平衡;而另一部分人则更注重的是得到精神上的满足,他们渴望得到饭店的重视与尊重。在受理后一类顾客投诉的过程中,应特别注意维护对方的自尊心,每时每刻都让客人感觉自己受到重视。因此,在处理客人投诉时,应遵循下列原则:

1. 把握处理投诉的最佳时间

处理投诉要掌握最佳时间,对于客人来说,等待处理投诉是一个漫长的过程,因此迅速到场处理即为处理投诉赢得先机,同时也让客人感觉饭店方对客人提出意见的重视,为下一步处理打下基础,否则将会派生出其他投诉或重大投诉。

2. 真心诚意地帮助客人解决问题

客人投诉,说明饭店的管理及服务工作尚有漏洞,服务人员应理解顾客的心情,同情客人的处境,满怀诚意地帮助客人解决问题。服务人员只有遵守真心诚意地帮助客人解决问题的原则,才能赢得客人的好感,才能有助于问题的解决。

3. 绝不与客人争辩或解释

当客人怒气冲冲地前来投诉时,首先应认真倾听客人的讲话,切记不要打断客人或作无谓的解释,然后对客人的遭遇表示同情和理解,还应感谢客人对饭店的爱护。即便客人错了,也应将"对"让给客人,当客人情绪激动时,服务人员更应注意礼貌,绝不能与客人争辩。如果不给客人一个倾诉的机会而与客人争输赢,表面上看来服务人员似乎得胜了,但实际上却输了。因为当客人被证明错了时,他下次再也不会光临这家饭店。如果服务人员无法平息客人的怒气,应请管理人员来接待客人,解决问题。

4. 不损害饭店的利益

首先,管理人员对客人的投诉进行解答时,必须注意合乎逻辑,不能推卸责任或当着客人的面随意贬低饭店其他员工或服务员。因为采取这种做法,实际上会使服务人员处于相互矛盾的地位,一方面希望饭店的过失能得到客人的谅解,另一方面却无意识地损害饭店的利益。对于绝大多数投诉,饭店只有通过更多的额外服务,给客人更多的关心以求得客人的谅解。其次,管理人员在解决客人"求补偿"的问题时,补偿基本上以饭店产品为主,切忌以现金作为处理投诉的筹码。

热情受理、慎重处理投诉事件是处理客人投诉的行为准则。成功处理投诉和有效减少投诉,不仅影响到饭店的经济效益,而且关系到饭店的社会形象,更可以树立饭店的良好形象,也有利于开拓饭店客源市场。

三、处理投诉的程序和方法

根据投诉的性质不同,相应的处理方法也不同,分为快速处理程序和一般处理程序。

1. 对投诉的快速处理程序

程　　序	处理方法
倾听客人诉说	1. 专注地倾听客人诉说,准确领会客人的意思 2. 把握问题的关键所在,确认问题性质 3. 必要时察看投诉物,迅速作出判断
向客人致歉	1. 向客人致歉,作必要的解释 2. 请客人稍微等候,自己马上与有关部门取得联系
跟进处理情况	1. 跟进处理情况,向客人询问对处理的意见 2. 向客人作简短祝词

2. 对投诉的一般处理程序

程　　序	处理方法
保持冷静	仔细、认真、耐心地倾听客人的投诉内容
表示同情和理解	1. 使用姓名称呼客人 2. 用恰当的语言给客人以安慰 3. 注意自己的举止
给予特殊关心	1. 给客人特殊的关心 2. 千万不可采取"大事化小,小事化了"或只道歉的处理态度
不转移目标	1. 将注意力集中在客人投诉的问题上 2. 不找借口责备他人
记录要点	1. 记录客人投诉的要点,使客人放慢讲话的速度以缓和其情绪 2. 使客人感觉到饭店对其投诉的重视

续表

程　序	处理方法
告诉解决措施	1. 将要采取的措施和解决问题所需时间告诉客人 2. 若有可能,让客人选择解决问题的方案和补救措施,以示尊重
解决问题	1. 立即行动调查事实真相 2. 沟通协调部际关系 3. 将解决问题的进展情况告诉客人
检查、落实	1. 保持与客人的联系 2. 检查和落实客人的投诉是否已得到圆满解决
归类存档	1. 将投诉的处理过程整理成资料 2. 将资料归类存档,以备使用

服务提示

在处理投诉时应尽量做到:

1. 耐心多一点

耐心倾听客人的抱怨,不要轻易打断客人的抱怨和牢骚,更不要评语客人的不足,要鼓励客人倾诉下去。

2. 态度好一点

客人有抱怨或投诉就是表现对饭店的产品或服务不满意,他们觉得饭店亏待了自己,如果在处理过程中态度不友好,会加重客人的不满意程度,造成关系的进一步恶化。若态度诚恳,礼貌热情,将会降低客人的抵触情绪。

3. 动作快一点

处理投诉的动作快,可以有4个方面的好处:一是让客人感觉受到尊重;二是表示饭店解决问题的诚意;三是可以防止客人的负面渲染对饭店造成更大的伤害;四是可以把损失降到最低。

4. 语言得体一点

客人对饭店不满,在发泄时有可能言语过激,如果和客人针锋相对,势必会恶化彼此关系。在解释问题过程中,措词要十分注意,要合情合理,得体大方,即使客人不对,也不要直接指出,尽量用婉转的语言和客人沟通。

5. 补偿多一点

顾客投诉,很大程度是因为他们的利益受到了损失,因此,客人希望获得精神上的安慰和物质、经济上的补偿。如更换配品、换房、赠送水果、道歉等。让客人心满意足是补偿的原则。

6. 层次高一点

客人提出投诉都希望自己的问题受到重视，处理该问题的人员的层次会影响客人的期待以及解决问题的情绪。如果高层次的领导能亲自为客人处理或打电话慰问，会化解客人的怨气和不满。

7. 办法多一点

除了给客人慰问、道歉和经济补偿外，还可以邀请客人参观饭店、参加研讨会等。

📖 案例学习

对客人的问话不再理睬

一位住客持"免费酒券"到酒吧喝酒，当时是 00:50，酒吧的服务时间是凌晨 01:00 止。但是一位服务员说："收市了，没酒了。"而且对客人的问话不再理睬，客人很气愤。后来大堂副理要求领班送一杯酒到该客人房间表示歉意时，酒吧领班却说没人手。在大堂经理的强烈要求下才勉强送过去。

📖 案例评析

不到下班时间决不能提前离开工作岗位，哪怕顾客是最后一分钟来的也要把最优质的服务送给顾客。这才是合格的饭店人应有的素养。另外在发生错误后，应该积极地去弥补，而不是推卸责任，如不然就是错上加错。

洗澡时没热水了

住在饭店 401 房间的王先生早上起来想洗个热水澡放松一下。但洗至一半时，水突然变凉。王先生非常懊恼，匆匆洗完澡后给总台打电话投诉。接到电话的服务员正忙着为前来退房的客人结账，一听客人说没有热水，一边工作一边回答："对不起，请您拨电话号码 866 向客房中心查询。"本来一肚子气的王先生一听就来气，嚷道："你们饭店怎么搞的，我洗不成澡向你们反映，你竟然让我再拨其他电话！"说完，"啪"的一声就把电话挂了。

📖 案例评析

饭店的每一位服务员都应树立以顾客为关注焦点的服务意识，不管是谁，只要接到顾客的投诉，都应主动地向主管部门反映，而不能让顾客再去找别的部门。本案例中对客人的投诉正确回答应该是："对不起，先生，我马上通知工程部来检修。"然后迅速通知主管部门处理，这样王先生就不会发怒。

实训活动

客人投诉的处理

教师呈现多个案例让学生分组分析讨论，以培养学生分析处理问题的能力。

123

活动1：给客人建议

张先生是重庆某饭店1218房间的住客，他是第一次从北京到重庆来出差，他想利用空闲休息时间顺便游览一下重庆的旅游景点，可又不知道去哪里，怎么走。你作为大堂副理或者问讯员，会给客人什么样的建议？

活动2：航班误点

一天晚上，接待员小王为客人李先生办理入住手续。在办理手续的过程中，客人说他第二天要坐10：00的飞机赶往成都签订一份合同，要求饭店为其安排叫醒服务，希望能在早晨08：00以前叫醒客人，小王把客人的要求写在了单子上，小王把入住手续办理完后却忘记把客人的叫早服务通知饭店总机，造成李先生第二天误了航班，李先生找到大堂副理要求给予说法。

训练项目	客人投诉的处理
训练目的	1. 会根据所学习前厅知识分析案例 2. 能正确处理案例中发生的事情 3. 培养学生分析问题、解决问题的能力
训练准备	1. 把学生分成小组 2. 让学生自己上网寻找案例 3. 教师统一呈现案例
训练方法	1. 分组讨论 2. 情景模拟练习
训练要求	1. 主动向客人问好 2. 认真倾听客人的述说 3. 向客人道歉 4. 对客人表示理解和同情 5. 对客人表示关心 6. 请求客人的谅解 7. 及时妥善地处理案例中发生的事情
训练步骤	1. 教师呈现案例(1)、(2)…… 2. 学生分组讨论 3. 请小组代表发言 4. 教师总结归纳

展示与评价

姓名＿＿＿＿＿＿＿＿　　　组别＿＿＿＿＿＿＿＿　　　时间＿＿＿＿＿＿＿＿

序　号	鉴定考核内容	分　值	自　评	教师评
1	了解投诉的原因	20		
2	掌握投诉的原则	20		

序 号	鉴定考核内容	分 值	自 评	教师评
3	掌握投诉的流程和方法	20		
4	能及时处理客人的投诉	20		
5	主动参与本次活动训练	10		
6	本次活动完成的效果	10		
总 分		100		

【鉴定练习】七

一、填空题

1. 问讯员对客人的问讯应给予_____、_____的答复,千万不能模棱两可或使用否定回答。

2. 客人投诉的原因及目的各不相同,一部分客人在遭遇不满后要求在_____上得到补偿,以求得到心理平衡;而另一部分人则更注重的是得到_____上的满足,他们渴望得到饭店的重视与_____。

3. 如果服务人员无法平息客人的怒气,应请_____来接待客人,解决问题。

二、不定项选择题

1. 在解决客人"求补偿"的问题时,补偿基本上以( )为主。

A. 现金　　　　B. 饭店产品　　　　C. 更换物品　　　　D. 道歉

2. 在处理客人投诉时,应保持( )的心态。

A. 冷静　　　　B. 急躁　　　　C. 激动　　　　D. 冲动

3. 以下属于饭店设施设备方面投诉范围的有( )。

A. 空调不灵　　　B. 照明灯不亮　　　C. 水龙头漏水　　　D. 服务态度粗暴

4. 以下不属于饭店服务和管理质量的投诉范围的有( )。

A. 粗暴的语言　　B. 天气恶劣　　　C. 排重房间　　　D. 叫醒过时

5. 有关饭店异常事件的投诉范围的有( )。

A. 客人无法购买到机票　　　　　　B. 全城停电

C. 停水　　　　　　　　　　　　　D. 天气恶劣

6. 受理及处理客人对饭店的投诉,饭店应持( )的态度。

125

A. 欢迎　　　　　　　B. 重视　　　　　　　C. 回避　　　　　　　D. 漠不关心

7. 以下选择项中不属于对饭店内部情况的问讯是(　　　　)

A. 客人入住的房号　　B. 酒吧营业时间　　C. 洗衣服务　　　　D. 交通情况

三、判断题

1. 对于住客查询业务，饭店必须注意保护客人的隐私。　　　　　　　　　　　(　　)

2. 客人投诉时，服务员可采取"大事化小，小事化了"的态度，或只道歉的处理态度。

(　　)

3. 管理人员对客人的投诉进行解答时，必须注意合乎逻辑，不能推卸责任或随意贬低他人。　　　　　　　　　　　　　　　　　　　　　　　　　　　　　　　(　　)

4. 问讯员应做到热情、耐心地回答客人，有问必答，百问不厌。　　　　　　　(　　)

参考文献

［1］吴梅.前厅服务与管理［M］.2 版.北京:高等教育出版社,2008.

［2］吴梅,陈春燕.前厅服务与管理［M］.3 版.北京:高等教育出版社,2012.

［3］陈莹,易四清.《前厅服务与管理》练习册［M］.北京:高等教育出版社,2012.

［4］曹红.前厅服务［M］.北京:中国劳动社会保障出版社,2011.

［5］祝红文.前厅实务［M］.重庆:重庆大学出版社,2009.

［6］黄爱时.前厅服务［M］.重庆:重庆大学出版社,2012.

［7］李国锋,杨静怡.宾馆酒店从业人员礼仪规范［M］.成都:成都时代旅游出版社,2012.

［8］何丽芳.饭店服务与管理案例分析［M］.广州:广东经济出版社,2005.

［9］张梦欣.前厅服务知识与技能［M］.北京:中国劳动社会保障出版社,2007.

［10］陈乾康.饭店文化概论［M］.北京:中国人们大学出版社,2007.

［11］王冬琨.酒店服务礼仪［M］.北京:清华大学出版社,2012.

［12］薛显东.酒店行李员精细化操作手册［M］.2 版.北京:人民邮电出版社,2012.

［13］余炳炎,张建东.饭店前厅部的运行与管理［M］.北京:旅游教育出版社,2002.

［14］曹希波.新编现代酒店服务与管理实战案例分析实务大全［M］.北京:中国时代经济出版社,2013.